Adele Neuhauser
Ich war mein größter Feind

AF178836

PIPER

Zu diesem Buch

Adele Neuhauser ist ein Kind zweier Welten. Als ihr griechischer Vater und ihre österreichische Mutter sich trennen, beschließt die erst 9-jährige Adele beim Vater zu leben – eine Entscheidung, die Gefühle von Schuld und Zerrissenheit auslöst. Sie wird sich und ihrer Umwelt sechs Selbstmordversuche antun. Aber sie übersteht diese schwere Zeit und geht weiter.

Den forschen Gang lernt Adele von ihren Großeltern, beide Künstler. Bald setzt sie ihn als Schauspielerin auf der Bühne ein. Er wird ihr Markenzeichen, genau wie ihre ungewöhnlich dunkle Stimme. Seit sie im Wiener *Tatort* einem Millionenpublikum die verletzliche und verletzte Figur der Bibi Fellner in die Herzen spielt, liebt man diese sympathisch-unkonventionelle Frau im gesamten deutschsprachigen Raum. Adele Neuhausers Leben ist eine Geschichte voller Glück, Neugier und Mut, aber auch voll schwerer Entscheidungen und Zeiten der Trauer.

Mit großer Offenheit schaut sie zurück – und mit unbändiger Lust auf Neuanfänge blickt sie nach vorne: Eine Haltung, die uns allen Mut machen kann.

Adele Neuhauser startete ihre Karriere als Schauspielerin in Deutschland. In Regensburg spielte sie den Mephisto, in Mainz verlieh sie der Medea eine raubtierhafte Präsenz, in *Vier Frauen und ein Todesfall* ist sie eine resolute Amateur-Ermittlerin, und seit 2010 ermittelt sie als Bibi Fellner an der Seite von Harald Krassnitzer im Wiener *Tatort*. 2019 war sie als Helene Weigel in einem Dokudrama über Bertolt Brecht zu sehen.

Adele Neuhauser

ICH WAR MEIN GRÖSSTER FEIND

Autobiografie

Mit 76 Abbildungen und Fotos

Mehr über unsere Autorinnen, Autoren und Bücher:
www.piper.de

Ungekürzte Taschenbuchausgabe
ISBN 978-3-492-23747-5
1. Auflage Juli 2019
7. Auflage März 2026
© 2019 Piper Verlag GmbH, Georgenstraße 4, 80799 München,
www.piper.de
Für einen direkten Kontakt und Fragen zum Produkt wenden Sie sich bitte an:
info@piper.de
© Christian Brandstätter Verlag, Wien 2017
Umschlaggestaltung: zero-media.net, München
nach einem Entwurf von Larissa Cerny
Umschlagabbildung: Stefan Fuertbauer
Satz: Burghard List
Gesetzt aus der Minion Pro
Gedruckt von ScandBook in Litauen
Printed in the EU

Für Julian.

Meine Mutter, meinen Vater und
meinen Bruder Alexander.

INHALT

Mein Großvater, der Maler Leopold Schmid, und ich
mit cirka 14 Jahren beim Spaziergang im Waldviertel.

WEITERGEHEN

Gehen ist für mich immer schon ein Lebensthema gewesen: Das Gehen und besonders das Weitergehen, wenn ich müde war. Hinter jeder Biegung, auf den Hügeln, nach einem Waldstück erwartete mich dann etwas Neues – meist Schönes –, das mich für mein Durchhalten entschädigte.

Meine Großeltern mütterlicherseits hatten einen äußerst forschen Gang, von ihnen wurde ich ins Gehen mitgenommen. Von mir wurde bereits als Kind erwartet, bei dem Tempo mitzuhalten, das die beiden anschlugen, wenn ich mit ihnen zu Fuß das Waldviertel durchkämmte. Das war mir überhaupt nicht unrecht: Ich habe schnelles Gehen von klein auf geliebt.

Mein Großvater war allerdings kaum einzuholen. Der einzige Grund, dass meine Großmutter und ich auf unseren Ausflügen wenigstens hin und wieder zu ihm aufschließen konnten, war die Tatsache, dass mein Großvater Maler war: Seine Profession brachte ihn dazu, manchmal doch innezuhalten und seinen Zeichenblock zu zücken, um rasch einen schroffen Felsen zu skizzieren oder eine elegante

Baumgruppe festzuhalten, die ihn besonders beeindruckte. Ohne diese Pausen, bei denen es sich also um Kunstpausen im wahrsten Sinne des Wortes handelte, wäre er uns ganz einfach auf und davongerannt.

Dabei erklärte er mir auch noch in einem Affenzahn die Flora und Geologie des gesamten Waldviertels! Ich merkte mir von all den Namen und Bezeichnungen natürlich genau gar nichts, trotzdem war es eine großartige Erfahrung, seinen Ausführungen zuzuhören.

Auch meine Großmutter war eine extrem naturverbundene und geerdete Frau. Ich erinnere mich, wie sie während einem dieser Ausflüge einen Hochstand erkletterte und dabei von einem Förster beobachtet wurde: „Na, Sie sind aber naturisch!", sagte der Förster anerkennend und traf damit ins Schwarze. Meine Großmutter war wirklich sehr *naturisch* und erdverbunden. Ich glaube, davon hat sie mir etwas mitgegeben.

Während meine Mutter eher eine gemütliche Müßiggängerin war, marschierte mein aus Griechenland stammender Vater zeitlebens immer mit langen, schnellen Schritten drauflos, wenn wir gemeinsam seine Lieblingsinsel Amorgos erkundeten oder uns durch die staubigen Straßen von Athen bewegten.

Aber er machte nicht bei seiner Heimat halt: Als ich bereits erwachsen und selbst Mutter war, lud er mich und meinen Sohn Julian nach Südamerika ein, weil er uns gehend, Schritt für Schritt, die Schönheit Perus und Ecuadors zeigen wollte. Sein Tempo entsprach dabei ganz seinem fremdenführerischen Ehrgeiz: In drei Wochen Südamerika bekamen Julian und ich alles zu sehen, was mein

Vater in drei Jahren bei jeweils sechswöchigen Aufenthalten entdeckt hatte.

Zum Beispiel den majestätischen Machu Picchu. In meiner Naivität hatte ich mir ausgemalt, wir würden ganz einsam und alleine die mystische Aura dieses außergewöhnlichen Ortes genießen können. Stattdessen wurden die Touristen busweise an unser Ziel gekarrt, sodass mein Vater beschloss, sich durch einen besonders forschen Schritt von den Besuchermassen abzusetzen. Gruppen mochte er nie besonders – und schon gar nicht, wenn er sie nicht anführen konnte. Julian und ich hatten allerdings Mühe, ihm zu folgen, die ungewohnte Höhenluft machte mir doch zu schaffen – abends kämpfte ich mit Schüttelfrost und Übelkeit: „Das kommt vom Rauchen. Hör auf damit!", sagte mein Vater als Reaktion darauf streng, „hör end-lich auf zu rau-chen, Adele!"

Das hätte nicht geschadet, klar. Aber in Südamerika herrschten schon erschwerte Höhenbedingungen: In Europa jedenfalls komme ich beim Wandern bis heute selten außer Atem. Auch in der Stadt lege ich Wege meistens in der Hälfte der angegebenen Zeit zurück und muss dann erst einmal zwei oder drei Zigaretten rauchen, um mir die Zeit zu vertreiben, während ich auf meine Verabredung warte.

Vielleicht liegt es an dieser doppelten Prägung durch meinen Vater und meine Großeltern: Als ich begann, an diesem Buch zu arbeiten, erste Notizen zu machen, tauchte das Thema „Gehen" immer wieder in meiner Erinnerung auf. Ich wollte keineswegs mein Leben wie eine abgeschlossene und statische Geschichte erzählen. Deshalb kann ich zwar von meinem bisherigen Weg gerne berichten, der Blick wird dabei aber immer auch nach vorne gerichtet sein und auf die Wege verweisen, die hoffentlich noch vor mir liegen. Ich weiß selbst nicht, warum ich das mit der Zukunft so stark empfinde. Das einzige, was ich weiß, ist, dass mein Leben mich „weitergehend" zu mir geführt hat.

Zum anderen gab es in meinem bisherigen Leben immer wieder Momente, in denen ich mich aufraffen und forsch weitergehen *musste*, um nicht auf der Strecke zu bleiben. Damit meine ich nicht nur Schicksalsschläge, sondern auch Situationen, in denen ich fühlte: Ich brauche jetzt einen neuen Impuls, um mich aus Verpflichtungen zu lösen, die ich als einschränkend und beklemmend empfand. Mein Umfeld dachte damals sicher oft, ich wäre verrückt, weil ich vermeintliche oder tatsächliche Sicherheiten einfach opferte, um einen Pfad zu betreten, der neu, frisch und interessant für mich war – aber natürlich gleichzeitig nicht ungefährlich. Freiheit war für mich schon immer wichtiger als Sicherheit. Sie nicht nur zu ersehnen, sondern auch zu leben.

An solchen Lebenskreuzungen muss man seine Entscheidungen alleine treffen. Und da ist sie wieder, die Analogie zum Gehen, zum Weitergehen: Auch in der Natur bin ich eigentlich am liebsten alleine, weil ich nur dann sicher bin, mein eigenes Tempo anschlagen zu können. Wenn man mich zwingt, mich zu verlangsamen, den Schwung herauszunehmen, werde ich müde, dann verliere ich den Spaß an der Sache. Im übertragenen Sinn bin ich eine Marathonläuferin, habe einen langen Atem und Durchhaltevermögen, aber irgendwann gibt es den Punkt, an dem mir langweilig wird – genau das Gefühl, das mich in meinem Leben immer dann befallen hat, wenn ich wusste: Jetzt ist es wieder Zeit weiterzugehen!

Ein richtiges Buch zu schreiben, ist keine kleine Entscheidung. Es ist eine Aufgabe voller Selbstzweifel und Fragen. Ich bin ja schließlich kein van Gogh, keine Garbo, keine Pionierin auf meinem Gebiet, die etwas außergewöhnlich Großes hinterlassen wird. Ich bin, so glaube ich, am ehesten eine Volksschauspielerin – ein Titel, den ich mir allerdings auch selbst verliehen habe, weil er genau das wiedergibt, was ich als Sinn und Zweck meines Berufes verstehe.

Wie, überlegte ich, müsste also ein Buch beschaffen sein, das von mir und meinem Leben handelt? Es müsste eine Geschichte sein, die überrascht, die ehrlich erzählt, die witzig ist und unterhaltsam. Die meisten Menschen, die mein Buch aufschlagen werden, haben wahrscheinlich das Bild von mir, das in den letzten Jahren, im letzten Jahrzehnt vorwiegend auf dem Bildschirm entstanden ist. Aber viele werden nicht so genau wissen, wie es dazu gekommen ist, was dem an Mühe, Fehlschlägen, aber auch großartigen und unterhaltsamen Geschichten voranging. Diesen weniger bekannten Teil von mir, so meinte ich, könnte dieses Buch erzählen und beleuchten.

Womit ich nicht gerechnet hatte, gar nicht rechnen konnte: Dass die Jahre 2015 und 2016 für mich privat zu den schwierigsten und traurigsten Jahren meines Lebens werden würden. Innerhalb kurzer Zeit verlor ich nicht nur meine beiden Eltern, sondern auch meinen Bruder Alexander. Diese Ereignisse brachen im wahrsten Sinne des Wortes über mich herein und schüttelten nicht nur mich selbst, sondern auch den Plan für mein Buch komplett durcheinander.

In dieser Zeit des Trauerns wurde mir durch Gespräche mit Freunden klar, dass ich nun ein Alter erreicht habe, in dem es normal zu werden beginnt, dass Menschen in meinem Umfeld sterben. Der Tod, den ich in meiner Jugend manchmal als eine Art Mutprobe betrachtet, mich mit meinen Selbstmordversuchen freiwillig in seinen Bereich begeben hatte, kehrte in den beiden letzten Jahren plötzlich mit einer für mich ganz neuen Wucht und Unabwendbarkeit zu mir zurück.

Und die Erfahrung mit dem Tod veränderte meinen Blick auf meine Vergangenheit, Familie, Gefährten und die gemeinsamen schönen Erlebnisse tiefgreifend. Es kam mir zwischendurch fast absurd vor, ein „unterhaltsames" Buch zu schreiben, launige Anekdoten zu erzählen, wo ich so tief von Trauer erfüllt war.

Gehen hatte auch in dieser düsteren und traurigen Zeit etwas Heilendes. Vor allem, wenn ich mich in der Natur bewegte. Wann immer es mir die Arbeit erlaubte, marschierte ich, ging raus und weiter und weiter.

Viele Jahre meines Lebens habe ich in Polling, in Oberbayern, auf dem Land verbracht. Erst als ich wieder nach Wien zurückkehrte, bemerkte ich, wie sehr mir die täglichen Spaziergänge und Wanderungen mitten in der Natur fehlten, die in Polling mein tägliches „Seelen-Brot" gewesen waren. Ich vermisste genau die Art von Erdung, die ich bei meiner Großmutter kennengelernt und als Bedürfnis aus meiner Kindheit in mein Erwachsensein mitgenommen hatte.

In der Lunge sitzt die Trauer, sagen die Chinesen. Deshalb benötigte meine Lunge die heilende Wirkung von Wanderungen und Spaziergängen in diesem vergangenen Jahr ganz besonders. Ich ging, so oft ich nur konnte. Viele der Erinnerungen und Geschichten, die ich in diesem Buch versammelt habe, sind zuerst auf jenen Spaziergängen und Wanderungen wieder in mein Bewusstsein gerückt, die ich unternahm, um nach und nach die Trauer aus meiner Lunge entweichen zu lassen. Mir kam es so vor, als käme die Gewissheit – ich überstehe die Trauer gestärkt und verwandelt – von den Schritten, die ich gehe.

Wenn ich an die belebende Kraft des Gehens denke, fällt mir sofort eine Geschichte ein, die ich vor vielen Jahren in Kärnten erlebt habe. Ich war damals noch mit meinem Ex-Mann Zoltan zusammen, und gemeinsam mit unserem Sohn Julian und einer befreundeten Familie machten wir Hüttenurlaub irgendwo in den Kärntner Bergen. Meine Freundin und ich kreierten abenteuerliche Schnitzeljagden für die Kinder, was uns schon bei der Planung riesigen Spaß machte. Wir verbrachten eine wunderschöne Urlaubszeit in der beeindruckenden Natur.

Aber irgendwann wurde ich unruhig. Man konnte von der Hütte aus, auf der wir uns befanden, nur entweder hinauf oder hinunter gehen, und nachdem ich eine Zeit lang immer wieder abwechselnd hinauf und hinunter gegangen war, sagte ich zu den anderen: „Ich möchte gern auf den Gipfel, wollen wir nicht hinaufsteigen?"

Als Reaktion auf meine Frage wurde es plötzlich mucksmäuschenstill, um dann nahtlos in fröhliches Geplauder überzugehen. Alle schienen meinen Vorschlag geflissentlich überhört zu haben. Gut, dachte ich, umso besser, am liebsten gehe ich sowieso alleine. Ich erkundigte mich beim Hüttenwirt nach dem besten Pfad für den Aufstieg. Nach einem kurzen Erklärungsversuch meinte der Wirt, das wäre viel zu kompliziert: „Ich geb Ihnen einfach meinen Sohn mit, der kennt den Weg genau."

Das klang doch nach einem guten Vorschlag. Nur leider war der Sohn seit Jahren Taxifahrer in Wien und schien irgendwie ziemlich erschöpft zu sein. Während ich mein übliches Tempo vorlegte, fiel mein vermeintlicher „Führer" immer weiter ab. Wenn ich zurückblickte, sah ich ihn heftig keuchend hinterherhuchteln, während er mir mit lapidaren Handzeichen deutete, ich solle ruhig weitergehen und nicht auf ihn warten.

Na super, dachte ich: Er kennt den Weg genauso wenig wie ich, da hätte ich gleich alleine gehen können. Irgendwann stand ich plötzlich in Gipfelnähe auf einem schmalen Grat, und mich überkam ein leichtes Schwindelgefühl: Ich gehe zwar ausgesprochen gerne wandern, aber das heißt keineswegs, dass ich schwindelfrei bin. Während ich versuchte, tief durchzuatmen und mein Gleichgewicht zu bewahren, schloss mein Begleiter, der völlig ausgepumpt war, zu mir auf, drückte mir wortlos ein Fernglas in die Hand und deutete auf einen dunklen Punkt am Himmel. Ich hob das Fernglas an die Augen und sah – einen Adler, der in ruhigem Flug, fast ohne seine mächtigen Schwingen zu bewegen, an der Felswand entlangsegelte.

Dieser fantastische Anblick gab mir noch einen zusätzlichen Energieschub, und ich wollte weiter, weiter über den Grat und auf der anderen Seite ein Stück hinunter, dorthin, wo sich sonst nur die Gämsen tummelten. Das erste Mal fühlte ich, was es heißt: sich gleichsam im Wohnzimmer der Tiere zu befinden.

Bald rasteten wir, aßen gemeinsam unsere Brote und bewegten uns anschließend schweigend weiter. Wir hatten uns bis in ein Sperrgebiet vorgewagt, in dem die Natur ihre Ruhe bewahren soll und Menschen deshalb eigentlich nicht erlaubt sind. Ich bemühte mich, so leise wie ein Indianer zu schleichen und geriet dabei in einen regelrechten Rausch des Gehens: Ich hätte tagelang so weitergehen können und dabei jede einzelne Sekunde genossen.

In diesem Trancezustand spürte ich, wie mein Gefährte mich plötzlich an der Jacke zupfte, erst nur leicht, dann bestimmter, so als wollte er mich dringend daran hindern, die nächsten Schritte zu tun. Überrascht blieb ich stehen, sah mich um und versuchte den Grund für diese Unterbrechung zu entdecken. Da sah ich, nur einen Steinwurf von mir entfernt stand ein riesiger Hirsch mit einem mächtigen, weitverzweigten, majestätischen Geweih und schaute mir direkt in die Augen. Dieser kapitale Hirsch war so unfassbar groß! Ich wusste gar nicht, dass diese Tiere eine solche Größe erreichen können. Das prächtige Tier stand da, blickte mich an und rührte sich nicht. Ich war vollkommen gebannt von seiner Erscheinung. Zugleich hatte ich das Gefühl, ersticken zu müssen, wenn dieses übermächtige Wesen nicht bald seinen Blick abwandte.

Ich weiß nicht mehr, wie lange wir so dort standen, es war ein zur Ewigkeit geronnener Augenblick. Irgendwann, ganz langsam, gemächlich und zugleich absolut bestimmt, wendete der Hirsch seinen Kopf zur Seite und marschierte entschieden davon. Und jeder seiner schweren Schritte erzeugte eine so heftige Vibration im Boden, dass ich sie in meinem Körper spüren konnte. Dieses Tier hat mir ans Herz gefasst.

Als wir zur Hütte zurückkehrten, kam mir Zoltan schon entgegengelaufen, er war besorgt und verärgert und ließ mich das auch spüren. Ich verstand ihn überhaupt nicht. Ich war so erfüllt von dieser großartigen Erfahrung. War tief bewegt vom Hirschen, vom Adler, von den Murmeltieren, vom Licht und anderen Naturerscheinungen, die ich für einige Stunden erlebt hatte.

Derartige Naturerlebnisse, solche wunderbaren Exzesse des Gehens waren es auch, dass sich mein Schauspiel hin und wieder relativierte und mir fast wie etwas Unnatürliches, wie Zeitverschwendung vorkam. Dabei ist das vermutlich Unsinn: Spielen ist nicht wider die Natur. Ebenso wenig ist es wider die Natur, sich zu erinnern. Die einzigartige Kraft der Schauspielkunst liegt in der Fähigkeit des Menschen begründet, im Spiel die Toten wiederaufstehen zu lassen, die Erinnerung zu beleben, ihr Hauch und Stimme – und einen lebendigen Gang zu verleihen.

Die Erinnerung ist eine trügerische Sache, sie ist nicht absolut und verändert sich, wie sich der Mensch und seine Beziehungen verändern. Das habe ich im vergangenen Jahr ganz deutlich gespürt. Ein Buch ist im Gegensatz dazu immer etwas Bleibendes, Absolutes, das sich nicht mehr verändern lässt, wenn es einmal *fertig* ist. Schwarz auf Weiß. Es legt seinen Autor auf eine ganz bestimmte Sicht der Dinge fest. Dieser Gedanke hat mir manches Mal ein wenig Angst gemacht.

Aber dann dachte ich mir: Wenn ein Buch selbst auch nur ein Schnappschuss, eine Momentaufnahme ist, dann kann es doch immerhin von der Veränderung, vom Gehen und vom Weitergehen erzählen.

Und wo es das tut, erzählt es vom Leben und dort erzählt es von meinem Leben.

In den Armen meines stolzen Vaters habe ich mich immer
geborgen gefühlt. Hier in unserem Haus in Athen, 1959.

ICH BIN EIN KIND ZWEIER WELTEN

Ein paar Jahre musste ich mich gedulden und im Universum zuwarten, bis meine Eltern glücklich aufeinander trafen.

Mein Vater, Georg Neuhauser, war sein Leben lang ein Inselkind: neugierig, unternehmungslustig und voll Energie. 1923 wurde er in Piräus geboren und wuchs auf Syros auf, der Hauptinsel der Kykladen. Sein Vater, ein Wasserbauingenieur, stammte aus der Steiermark. Über seinen Beruf war er nach Griechenland gekommen, hatte dort meine Großmutter kennen und lieben gelernt und war schließlich auf Syros hängengeblieben.

Die Kindheit meines Vaters war behütet und glücklich. Er war ein richtiger Lausbub, der zum Beispiel die Hühner mit in Ouzo getränktem Brot fütterte, sodass sie besoffen durch die Gegend torkelten, oder zum Leidwesen mancher mit seiner selbstgebauten Seifenkiste die engen Treppengassen hinunterratterte, bis man ihm – der Lärmbelästigung wegen – unter lautem Geschrei einen Eimer Wasser ins Gesicht kippte.

Die glückliche Kinder- und Jugendzeit meines Vaters fand mit Ausbruch des Zweiten Weltkriegs ein jähes Ende.

Mein Vater als typisch griechisches Inselkind
– zu besonderen Anlässen ging man auf Syros
sogar in traditioneller Tracht ins Fotoatelier.

In der irrigen Hoffnung, dass sein Sohn vor den Grausamkeiten des Kriegs in der alten Heimat besser geschützt wäre als in Griechenland, wo die Nazis schon ab 1941 entsetzlich wüteten, schickte mein Großvater seinen Sohn nach Österreich. So kam mein Vater zu seinem Onkel in die Steiermark und wurde von dort aber sofort zum Kriegsdienst eingezogen: Mein Vater besaß einen österreichischen Pass und war somit „offiziell" Bürger des Deutschen Reichs.

Aus Erzählungen meines Vaters erfuhr ich, dass sich der Bruder meiner Großmutter, Onkel Georg, später einmal darüber beklagte, dass mein Großvater meinen Vater nicht, statt ihn nach Österreich zu schicken, in seine Obhut gegeben hatte. Georg war Kapitän großer Containerschiffe, mit denen er sämtliche Weltmeere befuhr. Er wollte meinen Vater einfach mitnehmen und zum Beispiel in Ägypten absetzen, wo er dem Krieg womöglich wirklich entkommen wäre.

Auf Syros gab es eine große Schiffswerft, wo mein Vater oft nach der Schule neugierig herumstreifte und Arbeitern bei ihrem gefährlichen Beruf zusah. Die Ozeanriesen und Passagierschiffe, die dort gewartet und gebaut wurden, weckten bei ihm wohl die Leidenschaft für die Seefahrt. Deshalb hätte er gerne in Hamburg das Schiffspatent gemacht, was ihm aber wegen seiner schlechten Deutschkenntnisse verwehrt blieb.

Stattdessen schickte man ihn zu den Panzerpionieren. Die harte und körperlich ungemein schwere Ausbildung machte aus meinem Vater, damals noch ein zarter Inselknabe, einen stattlichen Mann. Noch während des Kriegs erhielt er eines Tages die schlimme Nachricht, sein Vater liege im Sterben. Nach langem Drängen und Bitten bekam er Feldurlaub. Mit einem Passierschein machte er sich auf den gefährlichen und mit Hindernissen gepflasterten Weg nach Syros.

Später erzählte er mir oft von diesem abenteuerlichen Trip zurück nach Griechenland. Durch die Kriegswirren schaffte er es nicht auf direktem Weg und musste sich auf illegalen Pfaden von Grenze zu Grenze kämpfen. Rasierklingen, Zigaretten und alle möglichen anderen Gebrauchsgegenstände dienten ihm dabei als Bestechungsmittel, mit deren Hilfe er schließlich sämtliche Barrieren überwand. Als er endlich auf Syros ankam, war sein Vater glücklicherweise noch am Leben – seine Mutter aber war in der Zwischenzeit verstorben. Den Verlust seiner geliebten Frau verkraftete mein Großvater nicht, und kurz darauf – der Feldurlaub meines Vaters war da bereits wieder zu Ende – starb auch er. Meinen Vater bedrückte es fortan sein Leben lang, dass er sich von seinen Eltern nicht hatte verabschieden können.

Nach dem Krieg, den mein Vater zum Glück gesund überstand, studierte er in Wien an der Akademie der bildenden Künste Architektur. Bis zum Krieg war das einzig deutsche im Leben meines Vaters der vererbte Familienname Neuhauser gewesen, er wuchs mit seiner Muttersprache Griechisch auf und musste erst während seines Einsatzes als knapp Zwanzigjähriger Deutsch lernen. Auch viel später noch unterliefen ihm auf Deutsch immer wieder kleine Grammatikfehler, wobei er diese sprachlichen Eigenheiten schon auch gerne kultivierte, weil sie seiner Ansicht nach gut zu seinem griechischen Image passten. Seine Arbeitskollegen und Freunde nannten ihn den „Griechen" und er ließ auch bei keinem Fest die Gelegenheit aus, einen griechischen Tanz auf's Parkett zu legen.

Bald verliebte sich mein Vater in die Schwester eines Studienkollegen, ein erst sechzehnjähriges Schulmädchen namens Elisabeth. Ihre Eltern konnte er davon überzeugen, dass es viel mehr als nur eine Liebelei war, sein Ehrgeiz und seine Zielstrebigkeit imponierten ihnen. Schließlich nutzte auch meine Großmutter die Verliebtheit meines Vaters recht eigenwillig aus, um ihre sehr hübsche und lebendige Tochter zu zähmen und zu verheiraten. Sie beschloss ganz einfach, dass ordentliche Verhältnisse hergestellt werden müssten: Um seine ehrlichen Absichten zu beweisen, musste mein Vater um ihre Hand anhalten, und schon war meine Mutter unter der Haube, verheiratet mit einem zwölf Jahre älteren Mann. Später erzählte mir meine Großmutter, dass sie sich immer Sorgen um ihre hübsche, aber haltlose kleine Lisl gemacht und meinen Vater deshalb als Rettungsanker für sie betrachtet hatte. Meine Großmutter versuchte einfach immer, Probleme so schnell und rigoros wie möglich zu lösen. In diesem Fall schien ihr die rasche Ehe für ihre Tochter der beste Weg zu sein.

Ein Jahr nach der Hochzeit war bereits mein älterer Bruder Alexander unterwegs. Also alles fein und schön? Nicht ganz, oder jedenfalls nicht sehr lange. Alexander war noch ein Baby, da verliebte sich meine Mutter in den besten Freund meines Vaters, Gerd Marquant, und dieser sich in sie.

Erst kurz vor dem Tod meines Vaters habe ich ihn einmal gefragt, wie das damals mit Gerd und meiner Mutter zugegangen war, weil es doch nach einer ziemlich wüsten Geschichte klang. Mein Vater erzählte mir, dass meine Mutter damals mit Alexander im Kinderwagen öfters Zeit im Schrebergarten ihrer Tante Joschi verbrachte. Eines Tages wollte mein Vater meine Mutter von Tante Joschis Garten abholen. und begegnete bei dieser Gelegenheit seinem Freund Gerd – damals unternahm er noch nichts, obwohl es ihm schon gedämmert haben muss. Erst als mein Vater einmal viele Jahre später mit der Straßenbahn fuhr und sein bester Freund zufällig zustieg, verpasste er ihm jene schallende Ohrfeige, die Gerd schon vor dem Schrebergartentor gebührt hätte.

Meine Mutter ließ sich von meinem Vater scheiden und heiratete gleich darauf Gerd Marquant. Gerd war im Wien der Fünfzigerjahre ein „Hansdampf in allen Gassen", ein Lebenskünstler, befreundet mit Helmut Qualtinger, André Heller und überhaupt so ungefähr allen, die in der jungen Wiener Kulturszene jener Zeit einen Namen hatten. André Heller nannte Gerd in einem seiner Bücher einmal den „glücklichen Verlierer", und ich glaube, damit traf er ziemlich ins Schwarze. Bald gebar meine Mutter auch Gerd einen Sohn: meinen Halbbruder Peter. Mein Vater kehrte nach der Scheidung enttäuscht nach Griechenland zurück, er hatte nicht nur seine Frau, sondern auch seinen besten Freund verloren.

In Athen ging es allmählich wieder bergauf und er machte als Architekt Karriere. Später erzählte er mir, dass dies eine sehr gute und glückliche Zeit für ihn gewesen war.

Doch wie und wann hat dann Adele Neuhauser das Licht der Welt erblickt? Ja, danach sah es damals nicht unbedingt aus, dafür bedurfte es schon eines zweiten Anlaufs. Meine Eltern waren Mitte der Fünfzigerjahre geschieden worden und lebten in zwei Ländern, zwischen denen sich halb Europa erstreckt. Ich hätte also gut und gerne für alle

Ewigkeit in den Weiten des Universums herumschwirren können.

Aber siehe da: Nach drei, vier Jahren war die Leidenschaft zwischen Gerd und meiner Mutter anscheinend erkaltet. Es lief zwischen den beiden nicht mehr so recht, und meine Mutter machte sich auf den Weg nach Griechenland, um gemeinsam mit Alexander meinen Vater zu besuchen. Was soll ich sagen: Die alte Liebe erwachte zu neuem Leben, meine Mutter trennte sich von Gerd und heiratete – zum zweiten Mal – meinen Vater. Das Ergebnis dieser Wiedervereinigung war am 17. Januar 1959 ich: die kleine Adele.

Meine Urgroßmutter mütterlicherseits hieß Adele. Nach ihr bin ich benannt. Sie war mit einem Handschuhmacher verheiratet, der bei einer Messerstecherei schwer verletzt wurde. Meine Urgroßmutter bat den jüdischen Arzt, Dr. Richard Singer, der im selben Haus wohnte, ihrem Mann zu helfen. Aus großer Verehrung und weil sie wenig Geld hatte, behandelte Dr. Singer ihn unentgeltlich. Bei den mehrmaligen Behandlungen des Patienten verliebten sich die beiden dann ineinander. Mein Urgroßvater erlag schließlich seinen Verletzungen doch und die beiden heirateten. Im Juni 1942 wurden sie ins Konzentrationslager Theresienstadt deportiert. Meine Urgroßmutter hätte sich als Katholikin von ihm lossagen können, aber aus Liebe ging sie freiwillig mit ihm ins KZ. Wenig später, am 23. Oktober 1942, verstarb Dr. Singer, er verhungerte im Lager, obwohl meine Urgroßmutter alles unternahm, ihn mit dem Nötigsten zu versorgen. Sie erlebte die Befreiung des Ghettos und kehrte kurz nach Kriegsende zurück nach Wien. Ich trage also mit Stolz und Freude den Namen Adele!

Meine wunderschöne Urgroßmutter Adele Singer,
die ich leider nie kennengelernt habe.

Liebe Adele!

Zur Erinnerung an Deine
Urgroßmutter und Namens-
Patronin

A D E L E

geborene Metzger
in Wien 1880 in Ottakring
in der Fröbelgasse 22.
Verheiratet mit dem Prager
Handschuhmacher ANTON
KOHLER.

Vater der Großmutter
Mathilde, verwitwet 1910
Verheiratet mit dem
Arzt Dr. Richard Singer,
gestorben in Wien 1956.
Eine brave gute Frau, die
viel gelitten hat.
Dein Großvater Leopold
1. 6. 19 82

Diese berührenden Zeilen schrieb mir mein fast schon blinder
Großvater zur Erinnerung an meine Namenspatronin.

Die ersten Jahre meines Lebens verbrachten wir alle gemeinsam in einem geräumigen Haus in Athen, und ich habe das als eine wunderbare Zeit in Erinnerung. Mein Vater hatte meinen Halbbruder Peter an Sohnes statt angenommen, und wir lebten als glückliche, fünfköpfige Familie zusammen. Ich sprach später manchmal mit Peter über diese Zeit, und er bestätigte mir: Mein Vater ließ ihn niemals spüren, dass er nicht sein leiblicher Sohn war. Er fühlte sich ebenso liebevoll und fürsorglich behandelt wie seine Geschwister – gerade damals noch keine Selbstverständlichkeit.

Es war herrlich, mit zwei älteren Brüdern aufzuwachsen. Ich könnte unzählige Episoden aus dieser Zeit erzählen. Zum Beispiel wie Alexander und Peter akribisch die Türschlitze mit Handtüchern verstopften und mit dem Duschschlauch Wasser in den Gang spritzten, weil sie unser Haus in einen Swimmingpool verwandeln wollten. Später schleppte meine Mutter ächzend den riesigen Flokatiteppich zum Trocknen auf die Terrasse, damit mein Vater nur ja nichts von dem Streich mitbekam. Als er abends nach Hause kam, stellte er nur mit Begeisterung fest, wie sauber das ganze Haus war.

Ein anderes Mal wollte Alexander unbedingt vor unserer Garagentüre nach Kohle oder Gold graben: Mit Begeisterung machten sich meine beiden Brüder ans Werk. Als sie feststellten, dass ihr Plan zum Scheitern verurteilt war, füllte Alexander das Loch mit Wasser und setzte mich kurzerhand hinein. Meine Mutter wurde wegen Schaulustiger am Gartenzaun auf die Aktion aufmerksam und fand mich laut lachend von der roten Erde Griechenlands so eingefärbt und verdreckt vor, dass ich wie eine kleine Indianerin aussah und tagelang nicht mehr sauber zu bekommen war.

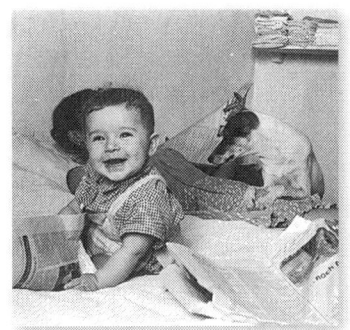 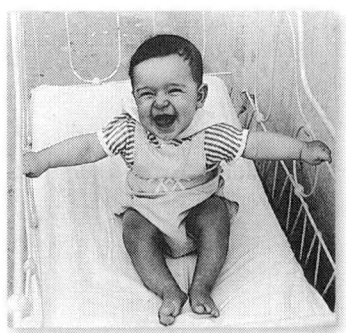

Meine ersten Jahre in unserem Haus in Athen
waren für uns alle voll unbeschwerter Freude.

Meine Liebe zum Meer wurde mir schon in die Wiege gelegt.

Ähnliche Kindheitserinnerungen können wahrscheinlich die meisten Menschen, die mit Geschwistern aufgewachsen sind, aus ihrem Leben abrufen. Für mich sind diese Episoden deshalb so besonders, weil diese im Rückblick idyllische Zeit leider bald zu Ende ging. Meine Mutter bekam Heimweh nach Wien, und als ich vier Jahre alt war, packten wir unsere Sachen und übersiedelten Anfang der Sechzigerjahre nach Österreich. Zu diesem Zeitpunkt war die zweite Ehe meiner Eltern eigentlich auch schon wieder kaputt, wie mir meine Mutter Jahre später gestand. Mein Vater konnte sich nur schwer damit abfinden, ein weiteres Mal aus Griechenland wegzugehen und in Österreich beruflich noch einmal von vorne zu beginnen. Und auch ich wäre damals viel lieber in Griechenland geblieben. Natürlich fragt man ein vierjähriges Kind in solchen Situationen nicht nach seiner Meinung, aber ich erinnere mich sehr gut an das Gefühl, die sonnendurchflutete warme Landschaft des Mittelmeers durch das oft graue und deprimierende Wien der Sechzigerjahre ersetzt bekommen zu haben.

Bevor wir eine eigene Wohnung bezogen, kamen wir in der für mich riesenhaften, 350 Quadratmeter großen Wohnung meiner Großeltern mütterlicherseits, im vierten Bezirk in der Goldeggasse unter. Meine Großeltern waren beide Maler gewesen. Sie hatten in Wien an der Akademie der bildenden Künste studiert und dieselbe Meisterklasse besucht. Nachdem sie geheiratet hatten, unternahmen sie ihre Hochzeitsreise zu Fuß durchs Waldviertel. Es soll auf diesem Fußmarsch gewesen sein, dass mein Großvater zu meiner Großmutter sagte: „Es kann nur einen Maler in der Familie geben, und das bin ich." Nachdem dieser Umstand geklärt war, verlegte sich meine Großmutter darauf, nach Entwürfen

Diese Porträts hat mein Großvater gemalt, links meine Großmutter
(1935), rechts meine Mutter (1938). Mein Großvater versuchte immer,
mein künstlerisches Talent zu fördern, mit meiner Tuschezeichnung,
Weihnachten 1971, wollte ich ihm eine Freude machen.

ihres Mannes Gobelins zu weben und Kunstgegenstände für die Wiener Werkstätten herzustellen. Sie fertigte außerdem die bezauberndsten Kasperlefiguren, die sie sogar weltweit verkaufte. Für mich steckte die Wohnung meiner Großeltern voller Abenteuer und verborgener Geheimnisse. Die märchenhaften Puppen, die riesigen Bilder, die bunten Filzstücke, aus denen meine Großmutter Verschiedenstes zauberte – und dann die vielen Geschichten, die meine Großmutter mir während der Arbeit an der Puppe eines Wassergeistes oder einer Prinzessin erzählte. Mit hochrotem Kopf saß ich auf einem kleinen Schemel, blickte hinauf zu ihrem ewig langen Tisch und lauschte gebannt ihren Geschichten. Das alles wirkte auf meine Fantasie ebenso belebend wie die Sommerurlaube mit meinen Großeltern im von ihnen so sehr geliebten Waldviertel. Dort unternahmen sie mit mir ausgedehnte Fußmärsche durch Klammschluchten und dunkle Wälder, auf der Suche nach Pilzen und Waldbeeren. Im dichten Gestrüpp stopfte ich mir genüsslich Himbeeren in den Mund und war dabei stets auf der Hut vor Schlangen. Auf einer dieser Wanderungen erblickte ich – da bin ich mir ganz sicher – das erste Mal in meinem Leben auch echte Feen.

Meine Großmutter war eine großartige, unglaublich starke und auch äußerst humorvolle Frau. Außerdem war sie die einzige, die mich in meinem naiven Wunsch, Schauspielerin zu werden, ernst nahm und sogar förderte. Als ich ihr im zarten Alter von sechs Jahren eröffnete, dass ich diesen Beruf zu ergreifen gedachte, lachte sie mich nicht aus, sondern meinte nur: „Ja, warum nicht, dann spielst du halt einmal ein Kasperletheater für die anderen Kinder im Dorf, und dann wirst du ja sehen, ob das was für dich ist."

Im Sommer 1968 mit meinen Großeltern
in Poggschlag im Waldviertel

Die Erlebnisse mit meinen Großeltern waren für mich auch deshalb so bedeutsam, weil ich die Eltern meines Vaters nicht mehr kennenlernen konnte. Meine Verbindung zu Griechenland wurde nach unserer Übersiedelung nach Wien nach und nach schwächer, denn mein Vater hörte auf, mit mir Griechisch zu sprechen, sodass ich die Sprache meiner ersten vier Lebensjahre bald verloren hatte, obwohl ich mit ihm jährlich für ein paar Wochen auf Verwandtschaftsbesuch nach Griechenland reiste. Ich habe mit meinem Vater lebenslang ein enges Verhältnis gehabt und ihn sehr geliebt, aber den Verlust des Griechischen nahm ich ihm trotzdem lange Zeit übel.

Dafür brachte er mir schon in meiner frühen Kindheit das Kino nahe. Jenen Teil der Sommerferien, der nicht aus Wanderungen durchs Waldviertel bestand, verbrachte ich mit ihm auf Amorgos und in Athen, wo wir Abend für Abend die Freilichtkinos der Stadt besuchten, die sich meist auf irgendwelchen Dächern befanden und bei denen die ganze Nachbarschaft an den Fenstern und Balkonen mitschaute. Die halbe Filmgeschichte habe ich dort (und natürlich auch in Wien) in mich aufgesogen. Mein Vater und auch ich liebten die Filme mit Fred Astaire, dem ich als Kind sogar einen Fanbrief schrieb, in dem ich höflich anfragte, ob wir nicht vielleicht einmal miteinander tanzen könnten …

Bei unseren Besuchen in Athen wohnten wir immer bei Tante Riza und Onkel Georg, unser eigenes Haus hatten wir schon lange nicht mehr. Tante Riza war Schneiderin und Onkel Georg Mathematiklehrer, und in meiner Erinnerung arbeiteten die beiden rund um die Uhr: Er kam immer erst spätabends von seinen Nachhilfestunden nach Hause, und sie entwarf Kleider und nähte die ganze Zeit. Weil in ihrer Wohnung nicht viel Platz war, durfte ich immer draußen auf dem Balkon unter freiem Himmel auf einer Pritsche schlafen. Mein Gott, wie ich das geliebt habe: die Sterne, die warme Luft, die Freiheit und Unbeschwertheit. Dort empfand ich das Leben immer als ein Geschenk.

Der Platz innerhalb der Wohnung war übrigens auch deshalb sehr begrenzt, weil die beiden unverheirateten Schwestern meiner Tante Riza, Tante Olympia und Tante Lidi, buchstäblich lebenslang bei ihrer Schwester und deren Mann wohnten. Zwei alte Jungfern, die meiner Tante Riza zwar im Haushalt zur Hand gingen, aber auch den lieben langen Tag miteinander stritten und keppelnd über Gott und die Welt herzogen! Eine turbulente und wunderbare Zeit waren diese Sechzigerjahre-Sommer in Athen für mich. All diese Verwandten sind bereits verstorben, zum Teil schon seit langer Zeit, und zu ihren Kindern und Kindeskindern habe ich heute leider keinen Kontakt mehr. Den Orten und der griechischen Mentalität werde ich mich bis an mein Lebensende verbunden fühlen, aber die familiären Bande zu dieser Welt sind mit dem Tod meines Vaters unwiderruflich gelöst worden.

Nach der Übergangszeit in den „Hallen" meiner Großeltern bezogen wir eine 72 Quadratmeter große Wohnung im zehnten Wiener Gemeindebezirk. Unsere Siedlung grenzte damals noch an Felder, die sich in Richtung Süden erstreckten. Später, im Jahr 1970, wurde dann ein riesiger Verteilerkreis für die Stadtautobahn zur Umfahrung Wiens gebaut. Kurz bevor die Bauarbeiten begannen, hatte ich unter einem Strauch noch mein kleines Meerschweinchen Maxi begraben und bald sollten die Autokolonnen über sein Grab hinwegbrausen.

Der zehnte Bezirk war schon immer ein Arbeiterbezirk, und ich habe mich dort nie so recht wohl gefühlt, auch wenn mein Schulweg morgens an der köstlich duftenden Bäckerei vorbeiführte, wo ich mich ab und an hinreißen ließ, mit einer Schokoladencreme gefüllte Biskotten zu kaufen. Die Stimmung war oft bedrückend, manchmal auch hart und grob. So erinnere ich mich zum Beispiel an einen schrecklichen Zwischenfall: Ich fuhr mit der Straßenbahn und stand an der Tür des hinteren Waggons. Neben mir machte sich ein Fahrgast zum Aussteigen bereit. Nachdem sich die Tür öffnete, wurde er plötzlich von einem am Straßenbahnsteig stehenden Mann angeschossen. Er stürzte aus dem Waggon, die Türen schlossen sich, und die Straßenbahn setzte ihren Weg fort, als wäre nichts geschehen. Aggressive Auseinandersetzungen und Schlägereien waren fast an der Tagesordnung. Ich habe in dieser Zeit gelernt, mich „unsichtbar" zu machen und mir eine Art Schutz-Aura zuzulegen.

Zur Geschichte meiner Herkunft und meiner Kindheit gehören untrennbar die ersten Erlebnisse, die bei mir ein politisches Bewusstsein schufen und die schon sehr früh stattfanden. Meine Großeltern waren überzeugte Sozialdemokraten der ersten Stunde, mit denen ich jedes Jahr den Maiaufmarsch der Partei besuchte, der damals mehr als heute eine beeindruckende politische Veranstaltung des Roten Wien war. Wien war eine der ersten Städte weltweit, die das Wohnungsproblem und das Problem der sozialen Grundversorgung für die arbeitenden Schichten in humaner Art und Weise gelöst hatte. Diese und andere

Errungenschaften wurden jedes Jahr am 1. Mai auf der Ringstraße von der Arbeiterschaft gefeiert. So gehörte zu meiner Kindheit im Arbeiterbezirk Favoriten auch das Gefühl des Aufbruchs, der von vielen Menschen gemeinsam getragenen Hoffnung, dass sich unser aller Leben zum Besseren verändern würde. Ich war ja beileibe nicht die einzige, die sich von der grauen Enge und dem rauen Klima auf den Straßen unseres Bezirks bedrückt fühlte. Viele Menschen wollten aus diesen Verhältnissen zu etwas Neuem aufbrechen, und die Sozialdemokratie verkörperte diesen Wunsch zur damaligen Zeit. Es ging nicht nur um Paraden und Aufmärsche, es ging um eine Haltung zur Welt und zum Leben, die ich bei meinen Großeltern beobachtete und die mich schon als Kind beeindruckte: Sich nichts gefallen lassen, für die eigenen Ideale aufstehen und kämpfen, ein positives, ein gestaltendes Verhältnis zum eigenen Leben haben. Das hat insbesondere meine Großmutter mir vorgelebt und mich damit geprägt.

Ebenso prägend, wenn auch in ganz anderer Weise, waren die jährlichen Schiffsreisen von Piräus nach Amorgos: Die Überfahrt dauerte damals noch zweiunddreißig Stunden und bot mir die Gelegenheit, mit Studenten ins Gespräch zu kommen, die nachts an Deck die damals verbotenen Lieder von Mikis Theodorakis sangen und einen Widerstandsgeist verkörperten, der mir ungeheuer imponierte. Ohne die genauen politischen Hintergründe zu kennen, wusste ich zwar, dass Griechenland zur damaligen Zeit von einer Militärjunta regiert wurde und diese jungen Menschen mit ihrem Aufbegehren nicht bloß eine leere Geste setzten, sondern unter Umständen Kopf und Kragen riskierten. Immer wieder hörte man von Menschen, die verschwunden oder plötzlich inhaftiert worden waren, und die Pflicht, nachts die Häuser verdunkeln zu müssen, erzeugte manchmal eine Stimmung wie in einem Krieg.

Und dann waren da noch die Reisen ins kommunistische Prag, die ich mit meiner Mutter unternahm, um meinen tschechischen Onkel Ivo zu besuchen. Mir gefiel die „Goldene Stadt" als Kind unglaublich gut, ich konnte sogar ein bisschen Tschechisch lesen und sprechen, aber diese Kenntnisse sollte ich im Lauf der Zeit ebenso verlieren wie mein Griechisch. Mein Onkel besaß in Prag eine Apotheke und wohnte im Stadtzentrum, gleich neben dem berühmten Wenzelsplatz – und er hatte einen tollen Oldtimer, ich weiß leider nicht mehr welcher Marke, mit dem wir oft auf's Land in sein Wochenendhäuschen in der Nähe von Prag fuhren.

In der Nacht vom 20. auf den 21. August 1968, ich war gerade neun Jahre alt und wieder einmal bei Onkel Ivo, verspürte ich auf einmal eine vibrierende Erschütterung, gefolgt von einem lauten undefinierbaren Geräusch. Ich hatte das Gefühl, als würde jemand mein Bett unter mir anheben und rütteln. Ich stürzte zum Fenster und sah unerklärlicherweise Panzer durch die Straßen fahren. Soldaten mit Gewehren marschierten neben den Panzern, zielten und schossen auf jene Fenster, hinter denen sich Menschen zeigten. Mein Onkel war zu meinem Glück rechtzeitig in meinem Zimmer und riss mich vom Fenster weg, bevor ich vielleicht einer russischen Gewehrkugel zum Opfer gefallen wäre. Ich verkroch mich sofort zitternd unter meinem Bett. Ohne recht zu verstehen, was um mich herum geschah, war ich inmitten der Niederschlagung des Prager Frühlings aufgewacht.

Danach wurde in Prag alles anders. Eigentlich hatte mein Vater mir gerade meinen ersten Flug schenken wollen, mit dem ich die kurze Strecke Prag–Wien hätte zurücklegen sollen. Ich war böse auf die Russen, weil sie mich meines ersten Flugerlebnisses beraubten, denn aufgrund des Einmarsches der Warschauer-Pakt-Staaten mussten meine Mutter und ich schleunigst mit einem Autokonvoi der Österreichischen Botschaft nach Wien zurückkehren, wobei wir auch fremde Leute mitnahmen, die ebenfalls das Land zu verlassen hatten. Neben den Straßen, über die wir uns Richtung Grenze bewegten, standen jede Menge von russischen Panzern plattgedrückte Autos. Das war der kriegsähnlichste Anblick, den ich in meinem Leben sehen musste.

Auch später reisten wir noch mehrmals in die Tschechoslowakei, aber auf einen Schlag war alles viel grauer und unfreundlicher. Die Menschen schienen jetzt verschlossen und in eine tiefe Depression verfallen zu sein, nachdem man sie ihrer Träume von einem besseren Leben und einem „Sozialismus mit menschlichem Antlitz" beraubt hatte.

Einmal durfte Onkel Ivo uns auch in Wien besuchen kommen. Ich erinnere mich gut an seine Begeisterung über die unzähligen blinkenden Leuchtreklamen, die es damals rund um die Oper und am Anfang der Kärntnerstraße gab. Das erschien ihm so schön und verschwenderisch, ein symbolischer Gegenentwurf zu jener Tristesse, in die Prag damals gezwungen wurde. Interessant, dass es gerade diese Leuchtreklamen, damals *das* westliche Zeichen für Modernität, Lebensfreude und Wohlstand, in Wien heute fast nicht mehr gibt.

In unserer Wohnung in Favoriten mit neun Jahren

Als ich neun Jahre alt war, trennten sich meine Eltern end-gültig. Schon ab unserer Rückkehr aus Griechenland nach Österreich war es um ihre Ehe nicht mehr zum Besten gestanden, es gab permanenten Streit zwischen den beiden. Meistens ging es dabei um das leidige Geld, mit dem meine Mutter zeitlebens leider nicht besonders gut umgehen konnte. Mein Vater war ihren Schwächen gegenüber aber ziemlich ungnädig. Wahrscheinlich hatte es letzten Endes doch auch mit den Verletzungen zu tun, die ihm die erste Trennung und der Verlust meiner Mutter an seinen besten Freund Gerd zugefügt hatten. Vermutlich konnte er ihr das all die Jahre über nicht wirklich verzeihen.

Unsere Familie fiel dann rasch auseinander: Mein Vater stimmte der Scheidung nur unter der Bedingung zu, dass seine beiden Kinder diesmal bei ihm blieben. Meine Mutter zog mit unserem Bruder Peter aus. Mein Vater und Alexander hatten allerdings ein eher schwieriges Verhältnis zueinander, was dadurch, dass Alexander zu diesem Zeitpunkt mitten in der Pubertät steckte, nicht unbedingt einfacher wurde. Nach der ersten Trennung meiner Eltern war Alexander als Klein-kind bei meinen Großeltern mütterlicherseits aufgewachsen, so hatte mein Vater immer ein wenig das Gefühl, man hätte ihm seinen Sohn vorenthalten. Alexander wiederum war dadurch eher von meinen Großeltern als von unserem Vater geprägt. Ich glaube auch, dass Alexander unseren Vater ins-geheim für die endgültige Trennung unserer Eltern verant-wortlich machte.

So kam es, dass Alexander, der damals gerade 15 Jahre alt und schon ein wenig am Sprung war, bald darauf auszog und eine Lehre als Starkstrommechaniker angefangen hat. Auch mein Bruder Peter, ein Jahr jünger als Alexander, blieb

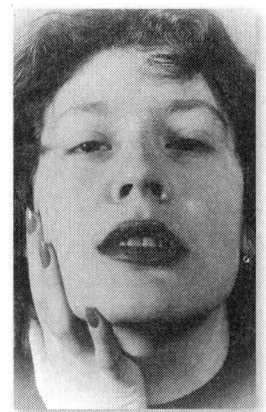

Meine tollen Eltern: Elisabeth und Georg

nicht mehr lange bei unserer Mutter. Er zog mit 16 Jahren in seine erste Wohngemeinschaft und startete zeitgleich an der Akademie der bildenden Künste in ein neues Leben. Für Peter war immer klar, dass er Maler werden musste, und er verfolgte diesen Plan schon in jungen Jahren absolut zielstrebig.

Ab diesem Zeitpunkt setzten meine Brüder und ich unser Leben wie Einzelkinder fort, obwohl wir es in unserer frühen Kindheit in Griechenland so schön miteinander gehabt hatten. Von da an wurde ich das Gefühl nicht mehr los, dass mich meine Mutter nicht so besonders mochte. Und damit wurde die Entscheidung, bei meinem Vater zu bleiben, zur Wurzel jener psychischen Probleme, die mich noch bis in meine jungen Erwachsenenjahre begleiten sollten. Als ich mit meiner Mutter viel später einmal über diesen Eindruck sprach, sagte sie zu mir: „Weißt du, Adele, dein Papa hat dich immer so bevorzugt, da musste ich mich halt mehr um die Buben kümmern."

Damit hatte sie schon auch irgendwie Recht. Mein Vater behandelte mich immer ein wenig wie sein Lieblingskind, vielleicht, weil ich das Nesthäkchen und ein Mädchen war, vielleicht aber auch, weil er mich im Gegensatz zu Alexander von meiner Geburt an um sich hatte.

Das weitere Leben meines Vaters und meiner Mutter nahm einen sehr unterschiedlichen Verlauf. Beide hofften noch lange darauf, doch noch den einen Partner für's Leben zu finden. Mein Vater lernte später eine deutlich jüngere Frau kennen, in die er sich stürmisch verliebte, er wollte mit ihr sogar noch einmal ganz von vorne beginnen und eine Familie gründen. Als diese Frau ihn verließ, fand er sich aber rasch

Meine kleine Katze Ramona und unsere Sommerurlaube auf
Amorgos haben meiner Seele gutgetan.

damit ab, dass sich sein Wunsch in diesem Leben nicht mehr erfüllen würde. Ebenso wie er sich nach den beiden Trennungen von meiner Mutter damit abgefunden und trotzdem sein Leben gelebt hatte. Meinem Vater waren seine Freundschaften immer äußerst wichtig, damit hielt er sich aufrecht, und mithilfe seiner Freunde, die ihm zeitlebens liebevoll zur Seite standen, machte er sich auch ein vergnügtes und schönes Leben in Wien – auch ohne die ersehnte heile Familie.

Er wollte sich immer ein zweites Standbein auf Amorgos schaffen, jener griechischen Insel, auf der Alexander und ich nach seinem Tod dann seine Asche verstreut haben. Also kaufte er dort ein Grundstück, wo er wegen archäologischer Ausgrabungen in dieser Gegend jedoch nie eine Baugenehmigung bekam. Aber selbst das konnte ihn nicht verdrießen. Dieses Grundstück befindet sich heute noch immer in Familienbesitz. Leider kann man darauf höchstens ein Zelt aufspannen, mehr ist nicht erlaubt.

Sogar mit Gerd Marquant versöhnte mein Vater sich spätestens nach der zweiten endgültigen Trennung von meiner Mutter wieder. Beide waren sie von meiner Mutter verlassen worden, vielleicht konnten sie sich über diese gemeinsame Erfahrung wieder zusammenraufen. Gerd starb dann allerdings sehr jung, mit nur 56 Jahren – mitten im Liebesakt mit einer Frau. Ein schöner Tod, könnte man sagen, aber doch viel zu früh und daher sehr schmerzlich für meinen Bruder Peter.

Meine Mutter hingegen hatte, glaube ich, ihr Leben lang das Gefühl, nicht dort angekommen zu sein, wo sie eigentlich hin wollte. So eine lebhafte und wunderschöne Frau war sie gewesen. Sie wäre sehr gerne Schauspielerin geworden, gestand sie mir einmal, in gewisser Weise habe ich ihren Traum in die Realität umgesetzt. Zehn, fünfzehn Jahre vor ihrem Tod hatte sie immer noch die Hoffnung auf einen Lebenspartner, mit dem sich das gemeinsame Glück endlich einstellen sollte. Es war ihr aber nicht vergönnt, und irgendwie hatte sie nie mehr so richtig Freude an der Menschheit und auch nicht an sich selbst – zumindest war das der Eindruck, den sie mir vermittelt hat. Zugleich verlor sie bis zu ihrem Tod niemals ihren Humor sowie den scharfen Blick für politische Missstände. Sie zitierte immer wieder gerne aus der „Tante Jolesch", und so meinte sie oft: „Gott bewahre uns vor allem, was noch ein Glück ist."

Ich bin ein Kind zweier Welten: Auch wenn ich kein Griechisch mehr spreche, ist Griechenland ebenso sehr in mir wie Österreich, und Amorgos genauso wie das Waldviertel. Meine österreichischen Großeltern wurden beide über neunzig Jahre alt und besuchten mich auch später noch, als ich schon mit meinem Mann in Deutschland lebte und Theater spielte. Mein Großvater erblindete gegen Ende seines Lebens fast vollständig. Ein blinder Maler, das klingt nach Tragödie, aber er nahm es gar nicht schwer.

Ich erinnere mich, wie ich ihm einmal die Klosterkirche von Polling in Oberbayern zeigte, und er sich die Malereien im Inneren des Kirchenschiffes betrachtete, indem er ganz, ganz nah an die Gemälde heranging und seine Augen aufriss, so weit es nur ging: „Großartig", meinte er dann ganz ergriffen, „wirklich großartig." Ich weiß nicht, wie viel er von den Malereien noch tatsächlich sehen konnte, aber seine Begeisterung für die Kunst hat er nie eingebüßt.

Zu meinen Brüdern wiederum hatte ich über viele Jahre fast völlig den Kontakt verloren. Unsere Mutter blieb die Schaltstelle, das „Postamt", wie wir manchmal halb im Scherz sagten, bei ihr liefen alle Informationen zusammen und wurden weitergegeben. Sie hielt uns zusammen. Natürlich, wir schrieben uns oder telefonierten hin und wieder. Alexander ließ sich mit seiner schwäbischen Frau in Stuttgart nieder, gründete dort eine Familie. Vordergründig mag er der einzige von uns drei Geschwistern gewesen sein, der keinen künstlerischen Beruf ergriff. Dabei bin ich überzeugt, Alexander ist immer der Kreativste von uns Dreien gewesen – nur dass sein Einfallsreichtum sich eben auf dem Feld der Technik und der Maschinen zeigte. Er schrieb Programme für pyramidenförmige Brote, konzipierte Stapelmaschinen und hatte für jedes Problem eine machbare Lösung anzubieten.

Als ich einmal auf dem Weg nach Polling mit dem Zug in Stuttgart für einige wenige Minuten Aufenthalt hatte, kam er zum Bahnsteig mich zu sehen – da umarmten wir einander. Ich hatte ihn sehr lieb und dachte zugleich: Wie seltsam, einen eigentlich fremden Mann zu umarmen und trotzdem zu wissen: Das ist mein Bruder.

Meinen Halbbruder Peter wiederum hat es nach Mallorca verschlagen. Dort lebt er schon lange mit seiner Frau Josefina, lässt sich beim Malen von den wunderbaren Stimmungen und den unzähligen leuchtenden Farbschattierungen dieser Insel inspirieren und führt ein beneidenswert aufrichtiges Leben. Der Umstand, wie Peter nach Mallorca kam, war höchst eigenwillig. Unsere Mutter hatte ein Preisausschreiben gewonnen, dessen erster Preis – ja, genau, eine Reise nach Mallorca war, und zwar für zwei Personen. Sie schenkte sie ihren beiden Söhnen. Alexander und Peter fuhren gemeinsam hin, und Peter verliebte sich erst in die Insel und später in eine ihrer wunderschönen Bewohnerinnen. Um dem Ganzen noch die Krone aufzusetzen, war es dann ein weiteres Preisausschreiben, das Peter und seiner Frau Josefina den Erwerb eines Grundstückes auf Mallorca ermöglichte. Diesmal war es seine Schwiegermutter, die einen Geldpreis gewonnen hatte und den Gewinn dem jungen Paar zur Verfügung stellte. War Peters Vater, Gerd Marquant, nach André Heller ein glücklicher Verlierer, darf man meinen Bruder Peter wohl als glücklichen Gewinner bezeichnen.

Auch Peter und ich sind einander nach der schönen Zeit unserer Kindheit erst viel später wieder richtig nahe gekommen. Nachdem ich mich endgültig von meinem Ehemann getrennt hatte und 2005 nach Wien zurückkehrte, war es mein Halbbruder, der mich vorübergehend in sein Wiener Atelier einziehen ließ. Von da an lernten wir einander ein zweites Mal kennen, als Erwachsene, und haben den Kontakt seither nicht mehr abreißen lassen. Wir sprechen viel miteinander über unsere gemeinsamen Kindheitserlebnisse und kommen bei manchem erst heute, Jahrzehnte später, darauf, dass wir ganz ähnliche Erfahrungen gemacht haben.

Auf diese Art helfen wir einander zu verstehen, wo wir eigentlich herkommen. Ich glaube, das tut uns beiden immer wieder sehr gut.

Ringen um Wahrhaftigkeit im Ausdruck: Eines meiner
ersten Bewerbungsfotos als Schauspielerin

BIN ICH'S ODER BIN ICH'S NICHT?

Ich werde nie erfahren, ob eine große Balletttänzerin aus mir geworden wäre. Mit neun Jahren hatte ich mit dem Ballett begonnen – viel zu spät, wie einem jede durchschnittliche französische oder russische Ballettmeisterin sofort versichern wird: Mein Körper war nicht mehr ausreichend formbar, außerdem entsprach mein ganzer Körperbau nicht jener Feingliedrigkeit, die beim Ballett so überaus geschätzt wird.

Aber wenn ich wirklich mit Fred Astaire tanzen wollte, dann musste ich doch endlich einmal damit anfangen, das Tanzen überhaupt zu lernen. Außerdem habe ich mein ganzes Leben lang ungern aufgegeben, das traf wohl auch schon auf mein neunjähriges, balletthungriges Ich zu. Also verordnete ich mir selbst strenge Disziplin und schaffte drei Jahre später die Aufnahme als Elevin an der Wiener Volksoper – ein erster, wichtiger Schritt in eine große tänzerische Zukunft.

Kurz darauf verletzte ich mich beim Training an der Achillessehne: Meine Tanzkarriere war gelaufen, noch bevor sie überhaupt begonnen hatte.

Wenn ich also aufgrund dieses Malheurs auch niemals herausfinden werde, ob eine Primaballerina aus mir geworden wäre (ich vermute: nein), so weiß ich doch heute immerhin eines: Hätte ich Karriere als Tänzerin gemacht, sie wäre schon seit mindestens zwei Jahrzehnten wieder aus und vorbei.

Auch aktive Kugelstoßerinnen und Speerwerferinnen gibt es in meinem jetzigen Alter zumindest nicht auf olympischem Niveau. Mein Ballettmeister von der Ballettschule, an der ich mich auf die Zeit an der Volksoper vorbereitete, hatte mich immer damit gequält und schikaniert: „Du bist eine Athletin, du solltest kugelstoßen anstatt zu tanzen." Nach meiner Achillessehnenverletzung, die mich zwar beim Ballett behinderte, nicht aber beim Sport, nahm ich ihn beim Wort und schleuderte fortan meine gesamte Schulzeit lang schwere Eisenkugeln und lange Wurfspeere von mir. Irgendwie fühlte ich mich auf diese Weise mit Griechenland verbunden. Herrlich war das – auch wenn ich eine Leichtathletik-Profikarriere zum Glück nie ernsthaft in Betracht gezogen habe.

Und es gab da noch das Wasserballett: Dort war man zwar mehr unter Wasser als oberhalb, aber ich wollte mich auch in dieser Sportart versuchen. Esther Williams war mein unerreichtes Vorbild. Ich war ein Kind mit vielen Talenten und noch viel mehr Träumen.

Trotz dieser Talente und trotz meines Ehrgeizes rasselte ich allerdings bei der Aufnahmeprüfung für's Gymnasium durch, was meinem intellektuellen Vater, ein akademischer Architekt, schweres Kopfzerbrechen bereitete. Er dachte sich, seine Tochter könne so blöd doch gar nicht sein und

Ich bin gerne zur Schule gegangen, besonders wenn
ich spielen durfte (unten: Schulfasching, 1974).

ließ mich sogar einen Intelligenztest machen, bei dem mir damals auch prompt überdurchschnittliche Intelligenz konstatiert wurde. Dass mein „Versagen" mit dem seelischen Stress zusammenhing, den die Trennung meiner Eltern bei mir verursacht hatte, daran konnte oder wollte er wohl einfach nicht denken.

So besuchte ich nach meiner Volksschulzeit notgedrungen erst einmal die Hauptschule am Hebbelplatz im zehnten Wiener Gemeindebezirk. Dort hatten wir einen Religionslehrer, der mein Gesangstalent entdeckte und mit mir das „Ave Maria" von Schubert einstudierte, das ich anlässlich eines Besuchs meiner Schule beim legendären Wiener Kardinal König zum Besten geben durfte. Nachmittags, wenn die Schule keinen Betrieb hatte, übten wir gemeinsam: Er öffnete alle Türen, rannte die Gänge hinauf und hinunter, um festzustellen, wo ich noch zu hören war und ob meine Stimme auch wirklich trägt. Schließlich kam der große Tag. Ich sang mein „Ave Maria" vor dem Altar der Jungfrau Maria im Stephansdom, und nach meinem Vortrag trat Kardinal König dicht an mich heran und fragte, was ich denn später einmal werden wolle.

„Schauspielerin", antwortete ich spontan.

„Ja", sagte er bestimmt und fügte schmunzelnd hinzu, „das passt!"

Es sollte noch ein weiter Weg werden, aber immerhin hatte ich damit quasi schon den kirchlichen Segen eingeholt. Zunächst führte mich mein weiterer Bildungsweg allerdings an eine sogenannte „Höhere Lehranstalt für Wirtschaftliche Frauenberufe", im österreichischen Volksmund auch als „Knödelakademie" bezeichnet, eine Klosterschule im dritten Bezirk. „Mädchen, die diese Schule besucht haben, wurden immer sehr gerne geheiratet", eröffnete uns die Direktorin bei einer Ansprache zur Feier unserer Aufnahme an der Schule, und ich wähnte mich in einem ganz falschen Film.

Weil ich leidenschaftlich gerne Gedichte vortrug und in Schulaufführungen voller Inbrunst spielte, drängten meine Schulkolleginnen mich eines Tages, ich solle mich doch auf eine Ausschreibung des Theaters an der Wien bewerben. Es wurde ein junges talentiertes Mädchen für die Rolle der „Gigi" im gleichnamigen Musical gesucht.

Sie mussten mich eigentlich nicht lange überreden, doch ich hatte ein Problem: Das Theater an der Wien verlangte für die Bewerbung ein Foto. Das einzig aktuelle Foto von mir, das ich auftreiben konnte, war im Sommerurlaub entstanden und dokumentierte den Besuch eines orthodoxen Klosters in Griechenland – ich trug darauf ein Kopftuch und war auch nicht alleine auf dem Foto abgebildet. Deshalb schnipselte ich mich aus dem Bild heraus, bis es auf Passfotogröße schrumpfte, und schickte es ein. Eingeladen wurde ich, aber genommen haben sie mich dann trotzdem nicht.

Ablehnung gehört in der Schauspielerei nun einmal dazu und ist, im Gegensatz zu einer verletzten Achillessehne, kein Gottesurteil, das war mir schon damals klar. Und irgendwie hatte ich auch das sichere Gefühl, die Leute vom Theater an der Wien hatten mich gar nicht so übel gefunden. Da verspürte ich kaum Ablehnung.

Aus diesem Grund sagte ich ein paar Monate später zu meinem Vater kurz, bündig und selbstbewusst: „Papa, ich will auf eine Schauspielschule!" Er antwortete mit der klassischen Elternreplik, aus Literatur und Film ebenso tausendfach bekannt wie aus dem echten Leben: „Lern doch zuerst etwas Anständiges, Bodenständiges, das dir Sicherheit

Sommerurlaub auf Amorgos mit Freunden meines Vaters, 1975

verschafft. Schauspielerin kannst du dann immer noch werden." Er betrachtete mein Vorhaben zu diesem Zeitpunkt sicher als Kinderei, ich war ja auch wirklich noch ein halbes Kind, mit gerade einmal zwölfeinhalb Jahren. Aber egal: Ich wollte Schauspielerin werden, und das möglichst rasch.

Drei Jahre drückte ich noch die Schulbank, ohne meinen Berufswunsch dabei aus den Augen zu verlieren. Dann zog ich mit sechzehn Jahren von zu Hause aus und gemeinsam mit meinem damaligen Freund Dieter in eine kleine Altbau-wohnung. Für die Schulabmeldung fälschte ich kurzerhand die Unterschrift meines Vaters und bewarb mich ohne sein Wissen beim berühmten Max-Reinhardt-Seminar. Zum damaligen Zeitpunkt, Mitte der Siebzigerjahre, unterrichte-ten dort unter anderem Sammy Molcho und Erni Mangold. Große Namen, vor denen ich aber keinen übertriebenen Respekt hatte. Auch das vielleicht eine kleine Geste des Aufbegehrens gegen meinen Vater, der immer andächtig von „dem" und „der" sprach, womit er seine Ehrfurcht vor prominenten und angesehenen Menschen zum Ausdruck brachte, mit denen man sich nach Möglichkeit gut stellen sollte. Ich fand damals, und finde es heute noch, dass er das nicht nötig gehabt hätte: Mein Vater war ein großarti-ger Mann, der sich auf seinen Beruf verstand und sein Licht nicht unter den Scheffel hätte stellen müssen, auch wenn er keinen berühmten Namen hatte.

Protektion war mir immer schon ein Gräuel. Mich interessierten die großen Namen und das damit so oft ver-bundene Speichellecken derer, die sie im Munde führten, schon als Teenager nicht. Diese Einstellung verträgt sich übrigens auch wunderbar mit meinem überaus schlechten

Namensgedächtnis, das bis heute immer wieder dazu beiträgt, dass ich ganz einfach nicht weiß, was für ein „Großer" da gerade neben mir steht – weshalb ich mich den vermeintlichen oder tatsächlichen Titanen gegenüber weniger verklemmt und beeindruckt zeige als vielleicht manch andere. Bei der Aufnahmeprüfung am Reinhardt-Seminar war ich mit meinem Zug zur naiven Normalität allerdings ein Fremdkörper. Über hundert junge Schauspielanwärter hatten sich beworben, darunter zahllose sichtbar schräge Vögel und extrovertierte Gestalten, die zugleich von einer zur Schau gestellten Lässigkeit und Coolness getragen waren, am ehesten den heutigen Berlin-Hipstern vergleichbar.

Ich hatte sofort das Gefühl, dass sie viel besser hierher ins kleine Schlosstheater passten als ich, weil ich diesen „Wow – interessante Person!"-Faktor für mein Gefühl nicht mitbrachte.

Die erste Runde der Prüfung begann für mich auch gleich mit einem peinlichen Moment: Mir war bei der Anmeldung absolute Anonymität zugesichert worden. Als sich aber die Tore zum Schlosstheater für mich öffneten, wurde ich von einer Stimme für alle laut und deutlich hörbar angekündigt: „Adele Neuhauser, 16 Jahre alt, Höhere Lehranstalt für wirtschaftliche Frauenberufe." Ich fühlte mich vorgeführt, nicht ernst genommen – und angelogen hatten sie mich im Hinblick auf die zugesicherte Anonymität auch noch. Meine Knie wurden so weich, ich befürchtete, den Weg hinauf zur Bühne nicht mehr zu schaffen.

Von Erni Mangold bekam ich die Aufgabe gestellt, etwas im Raum zu suchen, mein Text sollte dabei das Vaterunser sein. Da die Höhere Lehranstalt eine Klosterschule war, konnte ich immerhin mit Textsicherheit glänzen, und überhaupt fand ich die Aufgabe nicht besonders schwer. Aber gerade als ich dadurch wieder etwas mehr Zuversicht gewonnen hatte und Erni Mangold uns entließ, raunte sie mir zur Verabschiedung einen kryptischen Satz zu: „Auch wenn Ihre Tante oder Ihre Oma sagt, Sie sollen Schauspielerin werden ...“

Den ersten Durchgang hatte ich dennoch bestanden. Aber der unvollständige Satz ging mir nicht aus dem Kopf. Leider war meine Kraft am nächsten Tag recht gering, ich war nämlich vor lauter Stress krank geworden. Ausgerechnet in dieser zweiten Runde sollte ich etwas vorsingen, war heiser, schmiss dann auch noch die Nerven und wurde folgerichtig: abgelehnt.

Für mich brach eine Welt zusammen. Ich war sechzehn Jahre alt, hatte mich ohne Wissen meiner Eltern von der Schule abgemeldet und verfügte über keinen Plan B. Natürlich hätte ich die Flinte ins Korn werfen können. Aber um was zu tun? Meine Verzweiflung dauerte nicht lange an. Ich war einmal umgefallen, jetzt hieß es ganz einfach, wieder aufzustehen und den einmal gewählten Weg weiterzugehen. Ich war und bin ein hartnäckiger Mensch. Ich bringe Sachen gerne zu Ende, und zwar am liebsten gleich, weil ich weiß, dass mir einen Tag später vielleicht schon die Energie fehlt, die ich brauche, um die Dinge ins Rollen zu bringen. Schon als junges Mädchen hatte ich etwas gelernt, was meine ganze Schauspielkarriere hindurch Gültigkeit behalten sollte: Wenn ich müde und erschöpft bin, wenn ich fast schon zu weinen beginne, weil alles gegen mich zu sein scheint und kein Ende in Sicht ist – ausgerechnet dann liefere ich meine besten Leistungen ab, habe meine sprühendsten Momente und bin inspiriert. Vielleicht hatte der sadistische Ballettmeister seinen Anteil an diesem Automatismus, wer weiß: Er liebte es, uns Schülerinnen in die angespannten und schon schmerzenden Muskeln zu zwicken oder sich auf unser Becken zu knien, wenn wir noch nicht tief genug im Spagat waren. Ich wollte also nach wie vor Schauspielerin werden, und das auch immer noch sofort. Auf die Idee, mich in Berlin oder München zur Aufnahmeprüfung anzumelden, kam ich damals nicht. Darum bewarb ich mich kurzerhand an der Schauspielschule Krauss in Wien, wo ich prompt aufgenommen wurde. Nebenbei arbeitete ich bei einer Schauspielagentur, um mir ein Minimum an Lebensunterhalt zu verdienen. Nachdem der erste Ärger über meine Schulabmeldung bei meinem Vater verflogen war, bekam ich auch ein wenig finanzielle Unterstützung von ihm. Eigentlich war er wirklich ziemlich sauer über meinen Alleingang, aber ich hatte ein ganz gutes Argument: Meine Mutter war auch erst sechzehn Jahre alt gewesen, als sie meinen Vater geheiratet hatte. Die Ehe hatte nicht gehalten, aber das war in diesem Fall wohl kaum der Punkt. Wenn eine Sechzehnjährige alt genug zum Heiraten war, wieso sollte dann eine andere Sechzehnjährige nicht alt genug sein, ihren eigenen beruflichen Weg zu gehen?

Diese Logik schmeckte meinem Vater gar nicht, aber auf die Dauer blieb ihm nicht viel anderes übrig, als mir meinen festen Willen zu lassen. Immerhin war ich an der Schauspielschule Krauss aufgenommen worden, aus einer Träumerei hatte sich somit bereits ein Stück weit ein konkreter, umsetzbarer Plan entwickelt. Und mein Vater fand einen raffinierten Weg, einigermaßen die Kontrolle über mich zu behalten. Mein Freund Dieter und ich hatten, bevor ich mich an der Schauspielschule beworben hatte, gemeinsam bei meinem Vater gewohnt. Nun, da wir ausgezogen waren, lud er mich und Dieter so oft in seine Wohnung ein, dass wir irgendwann quasi wieder bei meinem Vater wohnten. Da wir wenig Geld hatten, waren wir nicht schwer von den Vorzügen zu überzeugen, uns bei ihm verköstigen zu lassen. So wusste er immer darüber Bescheid, was in meinem Leben vorging, und mit der Zeit entwickelte er auch wieder großes Vertrauen in mich.

An eine Schauspielschule gekommen zu sein, machte mich aber noch nicht zur Schauspielerin. Vom Unterricht war ich ein wenig enttäuscht, vom Engagement mancher Mitschüler ebenso. Ich hatte mir das alles ein bisschen energetischer und ernsthafter vorgestellt, als es sich dort darstellte. Gemeinsame Rollenarbeit mit den Kolleginnen und Kollegen gab es zwar, aber sie lief irgendwie recht technisch und für mein Gefühl mit zu wenig Begeisterung für meinen Traumberuf ab. Zusätzlich verunsicherte mich meine Rhetorik-Lehrerin bald mit der Frage: „Was sind Sie denn jetzt, ein Manderl oder ein Weiberl?"

Eine eigenartige Frage, fand ich. Aber es stimmte schon irgendwie: Wenn ich zum Unterricht kam, war ich nachlässig gekleidet, und in der Schule hatte mein Spitzname „Wurzelsepp" gelautet. Das klingt nicht besonders feminin und war auch sicher nicht so gemeint. Insofern hatte die Lehrerin mit ihrer vielleicht nur rhetorisch gemeinten Frage zielgenau einen wunden Punkt bei mir getroffen. Ich war mir selber nicht sicher, ob ich Männchen oder Weibchen war – weniger in sexueller Hinsicht, als im Hinblick auf meine Energie,

Für meine erste Rolle am Stadttheater Münster
verwandelte ich mich in einen jungen Mann.

mein Lebensgefühl, meine Ausstrahlung, meine Wirkung nach außen.

Die Tatsache, dass mich meine Mutter bereits als Zwölfjährige zum Frauenarzt geschleppt und mir eigenmächtig die Einnahme der Antibabypille verordnet hatte, mochte zu meinen diesbezüglichen Problemen einiges beigetragen haben. Wir schrieben das Jahr 1971, die damals zugelassenen Präparate hatten selbstverständlich noch ganz andere hormonale Wirkstoffe als heutzutage. Nicht gerade optimal für eine Zwölfjährige, die einen noch nicht ausgereiften Körper hatte und in ihrer Entwicklung durch die Hormoneinnahme vollkommen durcheinander geriet.

Zu meiner hormonellen Verwirrung hatten sich im Laufe meines Heranwachsens noch weitere Irritationen gesellt. Ich lebte zwar im Prinzip glücklich mit meinem Vater zusammen und wir hatten auch sehr viel Spaß miteinander, reisten gemeinsam nach Florenz und Venedig und machten uns zeitweise ein ziemlich schönes Leben. Gleichzeitig fühlte ich mich, durch die Abwesenheit einer (anderen) Frau im Leben meines Vaters, fast wie in einer platonischen Ehe mit ihm. Wenn ich von der Schule nach Hause kam, erwartete ich seine Rückkehr aus dem Büro. Er beschenkte mich mit schönen Kleidern oder einem Burberry-Mantel. Ich freute mich zwar, aber so gekleidet entsprach ich nicht gerade dem durchschnittlichen Bild einer Hauptschülerin aus dem zehnten Bezirk und fühlte mich ziemlich unwohl darin. In meiner Klosterschule wurden von allen Schülerinnen blaue Arbeitsmäntel getragen, um die sozialen Unterschiede nicht in der Wahl der Kleidung sichtbar werden zu lassen. Wenn ich nun außerhalb der Schule die Geschenke meines Vaters

Eine der spontanen Reiseideen meines Vaters: hier in Venedig
mit meinem Bruder Alexander und meinen Freunden, 1978

anzog, kam ich mir in unserer Gegend abgehoben und in unpassender Weise damenhaft vor. Ich passte einfach nicht dazu.

Meine Mutter wiederum konfrontierte mich mit ihren Liebesproblemen und Männerbekanntschaften bereits in einem Alter, in dem ich lieber noch überhaupt nichts darüber gewusst hätte. War ich bei ihr zu Besuch, behandelte sie mich mitunter mehr wie eine Schwester oder gute Freundin, und nicht als ihre noch ziemlich kindliche und schüchterne Tochter, die ich damals noch war. Ich hatte bei meinen Eltern jahrelang das Gefühl, in ihrer Gegenwart nicht Kind im eigentlichen Sinn sein zu können – das war manchmal schön und schmeichelhaft, insgesamt aber entfremdete es mich vielleicht auch von mir und überforderte mich.

Das war unter anderem immer schon einer der Gründe gewesen, warum ich mich zur Schauspielerei hingezogen gefühlt hatte. Wenn ich als Kind vor dem Spiegel stand und mir verschiedene Rollen ausdachte, bei deren Darstellung ich mit meinem Spiegelbild spielte, machte mir das nicht nur riesigen Spaß. Ich entfernte mich damit gleichzeitig in spürbar heilsamer Art und Weise von den Belastungen meines eigentlichen Ichs, öffnete mir die Welt in ihren Formen, Farben und Gestalten und befreite mich für eine Weile von jenen Gefühlen des Selbstzweifels und manchmal auch Selbsthasses, die mich sonst oft überfielen. Vor dem Spiegel bekam ich außerdem den ersten Applaus meines Lebens: Ich hatte ein Cocktailkleid meiner Mutter angezogen, das bei mir bodenlang fiel, und tanzte zur Musik von Edmundo Ros' Bigband – eine der Lieblingsplatten meines Vaters. Auf dem Flachdach gegenüber machten ein paar Bauarbeiter oder Dachdecker gerade Mittagspause, beobachteten meine Darbietung durch das geöffnete Balkonfenster und applaudierten am Ende meines Auftritts: Was für ein wunderbares Gefühl!

Letztlich tauchte aber in mir immer wieder das Schuldgefühl auf, meine Mutter verraten zu haben, indem ich mich nach der Trennung meiner Eltern mit neun Jahren entschieden hatte, bei meinem Vater zu leben. Ein unsinniger Gedanke, denn ich hatte mich keineswegs *gegen* meine Mutter, sondern einfach *für* meinen Vater entschieden. Trotzdem plagte mich lange, sehr lange Zeit diese vermeintliche Schuld. Denn die Damen von der Fürsorge, die uns zur Zeit der Trennung meiner Eltern mehrere Besuche abstatteten, fragten mich immer wieder, ob es denn wirklich mein Wunsch war, bei meinem Vater zu bleiben, ob ich nicht doch lieber mit meinen beiden Brüdern zu meiner Mutter wollte. Erst viele Jahre später gestand mir meine Mutter, dass sie uns drei Kinder gar nicht zusammen zu sich nehmen hätte können – es wäre sich weder finanziell noch organisatorisch ausgegangen. Damals aber schien es mir meine freie Entscheidung zu sein, und diese vermeintliche Freiheit der Wahl sollte mich noch lange schwer plagen.

In Rollen zu schlüpfen half mir dagegen insofern, als ich schon als Kleinkind bemerkt hatte, wie gut die Menschen in meinem Umfeld mit mir umgingen, wenn ich sie zum Lachen bringen konnte. Das Lachen ist nahe an der Liebe, das begriff ich bald. So speiste sich meine Begeisterung für die Schauspielerei aus zwei unterschiedlichen Quellen, dem Wunsch nach Distanz zu mir selbst, und der Hoffnung, die Menschen zu begeistern und auf diese Weise positive Gefühle in ihnen zu wecken. Beides ist mir bis heute erhalten geblieben, und von beidem gab es für mein

Als junge Schauspielerin in Münster

Gefühl an der Schauspielschule zu wenige Möglichkeiten, es auszuprobieren. Wenn ich endlich herausfinden wollte, wer und was ich eigentlich war, ob mein künstlerisches Tun gut und wertvoll für mich selbst und die Welt sein konnte, musste ich nicht nur üben, sondern auch spielen, und zwar vor echtem Publikum.

Nach meinem ersten Ausbildungsjahr ging ich noch nicht ganz achtzehnjährig auf meine erste Schauspieltournee, die mir ausgerechnet meine Rhetorik-Lehrerin vermittelt hatte. Wahrscheinlich hoffte auch sie, dass ich mich in der Praxis besser kennenlernen würde. Die Tournee dauerte ein halbes Jahr, unser Hauptstandort war die „Neue Werkbühne" in München, an den wir zwischen den verschiedenen Vorführungsblöcken immer wieder zurückkehrten.

Dieses „Wir" war kein Ensemble im herkömmlichen Sinn. Es handelte sich um ein schauspielerndes Ehepaar mittleren Alters, das sich gemeinsam mit mir und ihrer alten Mutter beziehungsweise Schwiegermutter in einem VW Variant auf den Weg durch die deutsche Provinz machte. Ich musste auf den langen Fahrten hinten neben der alten Frau sitzen, deren Aufgabe bei den Aufführungen lediglich darin bestand, hinter der Bühne einen Kassettenrekorder ein- und auszuschalten.

Zu viert, oder eigentlich zu dritt, wenn man die Mutter nicht als vollwertige Schauspielerin mitrechnen möchte, spielten wir ausschließlich in Schulen Brechts „Kaukasischen Kreidekreis". Aus Eitelkeit oder Idiotie war entschieden worden, die beiden Frauenrollen absichtlich *falsch* zu besetzen, sodass mir die Rolle der bösen Gouverneurin zufiel, während meine etwa 47-jährige Chefin in der Rolle des jungen Mädchens namens Grusche aufblühen durfte. Daneben war ich angehalten, mich um Auf- und Abbau des Bühnenbilds zu kümmern und die Schüler darauf vorzubereiten, wie sie die Kollektivrolle des Volks zu übernehmen hatten. Dabei war es mir strengstens untersagt, persönlichen Kontakt mit den Schülern aufzunehmen, die doch meistens ungefähr im selben Alter wie ich waren.

Nach ein paar Monaten kam die Routine und ich begann, in den Pensionen, in denen wir zur Übernachtung einquartiert waren, alleine größere Mengen Rotwein zu trinken. In einer dieser Pensionen hatte ich mutterseelenallein meinen achtzehnten Geburtstag begangen, auf den niemand mit mir anstieß. Ich hatte Theater spielen wollen, aber dieser schlechte Witz von einer Schauspieltournee hatte mit allem, was ich mir davon erhofft hatte, nicht das Geringste zu tun. Ich war bald dermaßen verzweifelt, dass ich mir Möglichkeiten ausdachte, aus dem Vertrag auszusteigen, der mich ein halbes Jahr lang an diese Höllentournee band.

Einfach abzuhauen kam für mich selbstverständlich nicht in Frage. Weniger wegen zu befürchtender Konsequenzen im Hinblick auf meine Ausbildung, die ich für meine Freiheit durchaus in Kauf genommen hätte. Es erschien mir einfach nicht richtig, mich sozusagen grundlos aus der Verantwortung zu stehlen, es passte nicht zu dem Bild, das ich von mir selbst als Kämpferin und konsequenter junger Frau hatte, die die Dinge, die sie begonnen hat, auch zu Ende bringt.

Als ich wieder einmal allein in meinem Zimmer saß, schon ein paar Gläser Rotwein intus hatte und mir ziemlich düster zu Mute war, fragte ich mich, was denn eigentlich passieren würde, wenn ich plötzlich erkrankte.

Nein, dachte ich, das genügt nicht. Krank kann man auch Theater spielen, sogar mit hohem Fieber geht das, dann beißt man halt die Zähne zusammen.

Also überlegte ich weiter: Was wäre, wenn ich mich verletzen würde, mir – nur als beliebiges Beispiel – den Arm bräche? Das wäre natürlich eine andere Geschichte. Ein gebrochener Arm würde mir nicht nur das Spielen erschweren, sondern mir vor allem den Auf- und Abbau des Bühnenbildes unmöglich machen. Ja, mit gebrochenem Arm, so schloss ich, wäre es keine Schande, die Tournee vorzeitig abzubrechen. Niemand könnte etwas dafür, ein dummer Zufall, höhere Gewalt eben, wie sie immer wieder einmal passiert.

Ich ging zum Waschbecken und schlug meinen rechten Unterarm mehrfach heftig gegen die Keramikkante. Es tat wahnsinnig weh. Als der Schmerz ein wenig nachließ und ich meinen Arm begutachtete, war nicht mehr als ein harmlos aussehender Kratzer zu erkennen. Es folgte darauf zwar am nächsten Tag ein beachtliches Hämatom, aber für einen Abbruch der Tournee hatte ich mich damit leider nicht qualifiziert. Woraus ich immerhin lernte, dass ich über starke Knochen verfügte, nicht aber über einen ausreichend starken Willen, um mir vorsätzlich den Arm zu brechen, was auch wirklich eine Schnapsidee war. Ich musste also bis zum Ende des Vertrages durchhalten.

Mein einziges Highlight in dieser ganzen Zeit waren die Münchner Jazzkeller. Es war damals, in den Siebzigern, so, dass es in München in puncto Jazzlokale einiges zu entdecken gab. Wenn ich also gerade nicht durch die Provinz tingelte, durfte ich mich ein wenig wie Billie Holiday fühlen und in verrauchten Clubs avantgardistischen Saxophon-Soli lauschen. Damals erwachte eine Liebe zum Jazz in mir, die von meinem Sohn Julian, der heute ein großartiger Musiker ist, Jahrzehnte später in gewisser Weise weitergetragen werden sollte.

In einem dieser Münchner Jazz-Clubs lernte ich auch eine faszinierende Frau kennen, mit der mich für die Dauer meines Aufenthalts eine intensive Beziehung verband. Da war plötzlich eine Wärme, die ich dringend brauchte, es war irgendwie berauschend mütterlich. Sie war wesentlich älter als ich, und eigentlich hätte ich bis zu diesem Zeitpunkt nicht gedacht, dass ich mich von einer Frau angezogen fühlen könnte. In dieser Hinsicht war es, trotz der furchtbaren Tournee, doch noch eine inspirierende und neue Erlebniswelten erschließende Zeit, wenn auch auf einem ganz anderen Gebiet, als ich erwartet hatte.

Zur selben Zeit lebte ich in einer festen Beziehung mit einem Mann, den ich während meiner Schauspielausbildung kennengelernt hatte und der in Wien inzwischen schon sehnsüchtig auf mich wartete – so war ich fest überzeugt. Als die Tournee endlich beendet war und ich in Wien vor Wiedersehensfreude strahlend in unsere gemeinsame Wohnung eintrat, lag er gerade mit einer anderen Frau im Bett.

„Entschuldige, ich hole nur schnell meine Sachen, ich bin sofort weg", sagte ich, um mein Gesicht zu wahren und uns allen eine unnötige Szene zu ersparen. Zeit, die Koffer zu packen. Und dann stand ich auf der Straße und hatte keine Ahnung, wo ich jetzt eigentlich hingehen sollte.

Obwohl mich mein Vater bestimmt sofort aufgenommen hätte, wollte ich nicht zu ihm zurückgehen, es hätte sich zu sehr wie eine Demütigung angefühlt. Stattdessen rief ich meine Mutter an und kam vorübergehend bei ihr unter. Bald meldete sich mein frischgebackener Ex-Freund bei mir: Allerdings nicht, um mich zurückzugewinnen, was ihm nach dieser „Begrüßung" ohnehin nicht mehr gelungen wäre. Da er vielleicht ein wenig von schlechtem Gewissen geplagt oder aber eben doch einfach ein lieber Kerl war, vermittelte er mir meine erste wirklich eigene Wohnung, die ich von dem auf der Tournee verdienten Geld und dem Nebenjob bei der Schauspielagentur gerade einmal so finanzieren konnte.

Ich kehrte wieder in die vertraute Fadesse der Schauspielschule Krauss zurück und wusste, so konnte es für mich nicht mehr lange weitergehen. Das einzige, was mir wirklich Freude machte und mich interessierte, war der Fecht-Unterricht. Da die meisten meiner Kommilitonen gerade diesen Unterricht schwänzten, war ich mit dem Fechtlehrer oft alleine und wir studierten die wildesten Gefechte über Tische und Sessel ein, wie man sie aus den alten Mantel-und-Degen-Filmen der goldenen Cinemascope-Zeit kennt.

Bald darauf meldete ich den Wunsch an, zur sogenannten „Zweiten Kontrollprüfung" anzutreten, dem überraschenderweise stattgegeben wurde. Ich bestand die Prüfung und bekam auch gleich den Studienabschluss mit Auszeichnung dazu. Nun war ich ganz offiziell ausgebildete Schauspielerin. Erst als ich, mein Diplom in der Hand, die Tür der Schauspielschule Krauss hinter mir schloss, wurde mir so richtig klar, was das bedeutete: Fast gar nichts, nämlich.

Ich verfügte über keinerlei Kontakte in der Branche und hatte auch keine Ahnung, wie ich mir welche schaffen sollte.

Ich hatte das Zeug Schauspielerin zu werden, das spürte ich. Um es wirklich zu sein, musste ich es mir aber erst noch beweisen – und natürlich auch meinem Publikum.

Hier trage ich die Lederjacke von Zoltan,
die er mir leider nie geschenkt hat.

EIN HALBES LEBEN FÜR'S THEATER

Nachdem ich die Schauspielschule Krauss verlassen hatte, stand eines Tages eine Frau vor meiner Haustüre: „Mein Name ist Eva Schubert. Wir kennen uns nicht, aber ich hab von dir gehört. Ich bin grad dabei, ein Theater zu gründen. Hast du Lust? Machst du mit?"

Das kam unerwartet, aber wie gerufen. Ich hatte ja, wie gesagt, nicht die geringste Ahnung, wo ich nach meinem Abschluss anknüpfen sollte. Das Theater, das wir gründeten, bekam den Namen „Paket" – weil wir uns alle auf ein „Packel hauten", wie man in Wien sagt, um gemeinsam etwas Außergewöhnliches auf die Beine zu stellen. Ich lernte dort viel, vor allem darüber, was es bedeutet, ein Theater zu führen, zu organisieren, die Schauspieler auf der Bühne vom Inspizientenpult aus zu unterstützen – es bereitete mir eine Menge Vergnügen. Ich wusste nur, dass ich spielen wollte, über mehr hatte ich mir im Hinblick auf die Theaterpraxis noch keine Gedanken gemacht. Im „Paket" wollten wir zwar experimentelles Theater machen, heraus kam dabei aber eher ein Miniaturableger des Wiener Burgtheaters, wir spielten viele große, ziemlich schwierige Stücke, wie zum Beispiel

„Reigen", „Geschichten aus dem Wienerwald", oder „Die geliebte Stimme", ein Ein-Personen-Stück von Jean Cocteau, für eine gerade erst 20-jährige Schauspielerin eine ziemliche Herausforderung.

Eines Tages meldete sich ein Kollege von der Schauspielschule bei mir, der mich fragte, ob er ihm nicht bei einem Vorsprechen behilflich sein könnte. Ich sagte natürlich ja. Wir arbeiteten also gemeinsam ein paar Tage lang an einer Szene, die wir schon in der Schauspielschule einstudiert hatten, ich kann mich gar nicht mehr erinnern, um welches Stück es sich handelte. Dann begleitete ich ihn zum Vorsprechen, um ihm dort als Anspielpartnerin zur Verfügung zu stehen. Zu meiner Überraschung wurde ich engagiert, und der Arme nicht. Nur wusste ich zunächst ja nicht, wohin man mich engagieren wollte, ich hatte außerdem gar nicht vorgehabt, mich zu bewerben. Mein Kollege erklärte mir, dass ich soeben vom Stadttheater Münster angenommen worden war. Münster ... Münster ... – mein Geografie-Unterricht lag schon ein paar Jahre zurück, und ich war schon zu Schulzeiten keine Koryphäe in diesem Fach. Zu Hause angekommen, schlug ich als erstes meinen alten Schulatlas auf.

Um Himmels Willen: Nordrheinwestfalen, 1.400 Kilometer nordwestlich von Wien! Das war so gar nicht meine Richtung. Mich zog es naturgemäß immer Richtung Süden. Ich wollte Theater spielen, und nun war ich engagiert worden, um genau das zu tun, an einem renommierten deutschen Stadttheater und auch noch für ordentliche, regelmäßige Bezahlung. Gut. Dann also Münster. Das Engagement war zeitlich begrenzt und sollte ein Jahr dauern. Was, so überlegte ich, während ich mich in meiner Wohnung umsah, packt man für ein Jahr? Ich war noch zu keinem rechten Schluss gekommen, da rief mich Zoltan an. Ihn kannte ich ebenfalls von der Schauspielschule Krauss.

„Ich hab gehört, du bist auch in Münster engagiert. Willst du mitfahren?"

„Wann?"

„Na jetzt. Sofort."

Natürlich wollte ich. Ich packte also meinen Rucksack, Zoltan pickte mich mit dem Auto auf und wir machten uns gemeinsam auf den Weg in den tiefen Nordwesten. Ungefähr auf der Höhe von Passau wurde mir klar, dass ich keine Ahnung hatte, wo ich in Münster wohnen sollte. Zoltan hingegen hatte eine Wohnung, er war schon ein paar Wochen zuvor das erste Mal dort gewesen und hatte sich überhaupt alles rechtzeitig organisiert, während ich ja zu dem Engagement wie die sprichwörtliche Jungfrau zum Kind gekommen war.

„Könnte ich vielleicht, möglicherweise … nur so für ein, zwei Nächte bei dir …?" setzte ich an. Sofort merkte ich, dass Zoltan die Frage enorm unangenehm war. Er befand sich in einer festen Beziehung, und ich dachte, seiner Freundin wäre es wohl nicht recht, wenn er junge Kolleginnen zum Übernachten mitbrachte. Aber ich hatte doch fragen *müssen*, ich wusste einfach nicht, wohin.

Der Rest der Autofahrt verlief in peinlicher Atmosphäre. Zoltan fühlte sich in einer Zwickmühle, weil er mich weder auf der Straße stehen lassen noch einen Krach mit seiner Freundin heraufbeschwören wollte – so malte ich es mir zumindest aus. Und mir war es unangenehm, dass ich ihn mit meiner Fragerei in die Bredouille gebracht hatte. Draußen wurde es langsam finster. Als wir in Münster ankamen und ich Zoltan half, sein Gepäck aus dem Kofferraum zu entladen, lief uns sein Vermieter über den Weg. Diese Chance musste ich ergreifen.

„Entschuldigen Sie, hallo, aber bei Ihnen im Haus ist wohl nicht zufällig noch eine Wohnung frei?"

„Nein, leider nicht …"

Na fein.

„… aber ein Untermietzimmer ist frei, das können Sie haben."

Oh, wunderbares Münster, so freundlich heißt du mich willkommen!

Ein paar Monate später spielten Zoltan und ich gemeinsam in „Was ihr wollt" von Shakespeare, ich die Olivia, er den Sebastian. Die Sache mit seiner Freundin war inzwischen entweder schon vorbei, oder ich kam zu dieser Zeit dazwischen, so genau weiß ich das heute nicht mehr. In jedem Fall verlangte der Regisseur, Adam Hanuszkiewicz, von uns, hinter der Bühne Beischlafgeräusche zu simulieren. Das fanden wir beide ziemlich lustig und steigerten uns darin zu wahrer Meisterschaft. So komisch es klingt, aber auf diese Weise haben wir zueinander gefunden und sind ein Paar geworden.

Jahre später, als schon unser Sohn unterwegs war, dachten Zoltan und ich daran zurück, wie wir uns während dieser Probenzeit näher gekommen waren. Wir kamen zum Schluss, eigentlich war unser damaliger Regisseur dafür verantwortlich. Ihm zu Ehren beschlossen wir, unseren Sohn Adam zu nennen – aber dann befielen uns doch Zweifel: Ein Adam in Oberbayern, und das, wo ich schon in meiner Jugend aus der Kirche ausgetreten war. Wir entschieden uns

Ausschnitt aus dem Spielzeitheft Münster, unsere Anfangsjahre
(noch) als Kollegen: links oben Zoltan, darunter ich, 1979

dann für Julian als ersten und Adam als zweiten Vornamen. Julian Adam Pajzs klingt doch wundervoll.

Kurze Zeit, nachdem Zoltan und ich ein Paar geworden waren, wechselte er in ein Engagement nach Krefeld. Es sollte noch sehr lange dauern, bis wir am selben Ort lebten, und auch während unserer späteren Ehe war das nicht immer der Fall. Eine typische Schauspielerbeziehung eben. Der Schauspielberuf, das hatte ich schon durch mein Engagement nach Münster gelernt, erforderte die Bereitschaft, sein Leben nach den Chancen und Gelegenheiten auszurichten, die sich gerade ergaben.

Aber ich lernte in dieser Zeit, das Theater immer mehr zu lieben: Den Bühnenraum mit seinem Schnürboden, die Scheinwerferbatterien, die Unterbühne, die verwinkelten, schäbigen Gänge – und natürlich die Kollegen, mit denen man nach der Vorstellung in die Kantine geht, und alle sind noch voll Adrenalin, weil dort oben gerade so viel passiert ist. Sogar bei den Lichtproben war ich immer gerne dabei, machte mein eigenes Lichtdouble, weil sich bei diesen technischen Durchläufen niemand für mich interessierte und ich das ganze Stück für mich alleine auf der Bühne in Ruhe nochmal durchgehen konnte. Diese losgelösten Momente vor der Hauptprobe, in die verliebte ich mich ganz besonders.

Nie werde ich vergessen, wie ich das erste Mal das wunderschöne alte Markgrafentheater in Erlangen betrat: Ich kam etwas zu früh für mein Vorsprechen, und der Pförtner schickte mich schon alleine vor auf die Bühne, wo ich auf die Ankunft des Intendanten wartete. Als ich so ganz einsam auf der Bühne stand und in den nur schwach beleuchteten prachtvollen Zuschauerraum blickte, hatte ich das Gefühl,

Als Blinde mit Oswald Gayer in „Brief über die Blinden" von Diderot,
inszeniert von David Esrig, im Folkwang Museum, Essen 1986

Als Merteuil in „Quartett" von Heiner Müller mit Elisabeth Corbet in
der Inszenierung von Andreas Hänsel, Markgrafentheater Erlangen, 1992

Das Duell der Verführer

Andreas Hänsel inszenierte Heiner Müllers „Quartett" im Erlanger Markgrafentheater — Ein Erfolg

Von dem berühmt-berüchtigten Briefroman „Gefährliche Liebschaften" (1782) des Choderlos de Laclos sind in Heiner Müllers makaberem Totentanz-Drama nur noch Themen- und Figuren-Fragmente zu entdecken. Ihn interessierten bei der Adaption des obszönen Literaturwerks nur die Motive eines sich in Wortgefechten zersetzenden, bereits verwesenden Paares. In Müllers Stück „Quartett" genügen zwei Darsteller die im Geschlechtertausch in andere Rollen schlüpfen, sich verwandeln, sich kalt-berechnend dem perfiden Partner ausliefern. In der Endzeit der Gefühle duellieren sich die Marquise de Merteuil und der Vicomte de Valmont mit bluttriefenden, verführerischen, brillanten Satzkaskaden. Die Merteuil sagt einmal: „Sie töten mich, wenn Sie Dolche reden."

Am Ende einer solchen Lust-Schlacht und bestialischen Konversation hat die eiskalte Dame den Ex-Geliebten mit vergiftetem Wein umgebracht. Sie selbst schreitet im Erlanger Markgrafentheater in prächtigem Rokoko-Aufputz triumphierend an die Rampe: „Tod einer Hure. Jetzt sind wir allein Krebs mein Geliebter."

Andreas Hänsel wählte für seine Inszenierung ein Rokoko-Interieur mit sechs güldenen Säulen im Guckkasten-Portal. Er baute eine Treppe mit Spielpodest bis in die fünfte Parkettreihe. Dort plazierte er eine mit rotem Plüsch überzogene Chaiselongue. Da in diesem Stück der Spiegel eine häufig strapazierte Metapher ist, steht hinter den Säulen auf der Bühne ein adäquates Möbelstück. Die von Heiner Müller angestrebte Zeitlosigkeit paßte wohl nicht ganz zu Hänsels ästhetischem Konzept.

Lediglich bei den Kostümen verzichtet die Ausstatterin *Annette Zindel* auf den konsequent steifen Rokoko-Putz, läßt den Akteuren die notwendige Freiheit für einige artistische Verstellungskünste.

Die voyeuristische Abrechnung beginnt Regisseur Andreas Hänsel mit einem pantomimischen Umarmungs- und Rundtanz auf der Hauptbühne. Im Spotlight produziert sich *Elizabeth Corbet* als Merteuil 2 vor einem stummen Valmont. Erst nach dieser irritierenden, befremdlichen Hänsel-Krea-

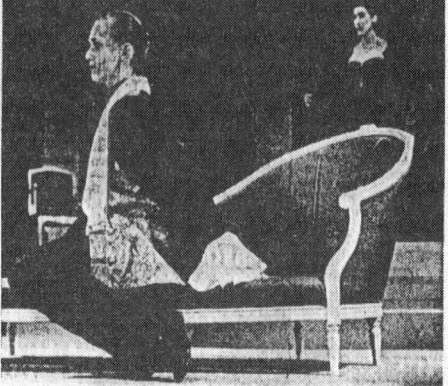

Stephan Wolf-Schönburg (Valmont) und Adele Neuhauser (Merteuil 1).
Foto: Johannes Lie

tion betrift *Adele Neuhauser* als Merteuil 1 (im praktischen, seidenen Spielanzug) die Szene.

Die Tänzerin wird verdrängt, die abgelebte, mit Haß erfüllte Marquise eröffnet mit einer fulminanten Monolog-Attacke ihren Krieg gegen den skrupellosen Valmont. Sie gleitet auf die Plüsch-Ottomane und probt mit geiler Theatralik den gemeinsamen Untergang.

Der Valmont des *Stephan Wolf-Schönburg* wirkt zunächst noch sehr jugendlich, unverderbt und weich. Doch bald zeigt sich, daß dieses Paar zur Verführung einer Klosterschülerin oder einer frommen, tugendhaften Madame Tourvel bestens präpariert ist. Hinter den weißgeschminkten Gesichtern ist die Verworfenheit bestens getarnt. Während des Rollentausches kann dieser Valmont über alles seinen Mistkübel auskippen; die Lust am Höllensturz verwandelt ihn zum Teufel ohne Maske. Brutal-zupak-

kend versucht er, die Merteuil aus ihrem Eispanzer zu sprengen.

Für Selbstmitleid ist kein Platz. Und in einer Duell-Pause fragen sich die Darsteller, ob sie (nach einem Geschlechtertausch) ihr Spiel fortführen sollen.

Adele Neuhauser bestimmt nach einer Zitaten-Einspielung aus Müllers „Hamletmaschine" das dynamische Tempo. Sie hat die Exekution des teuflischen Verführers Valmont beschlossen. Die späte Abrechnung, die Rache, genießt sie mit starren Blicken. Doch selbst der sterbende, wankende, phantasierende Valmont bleibt ein wollüstiges Monstrum.

Andreas Hänsels Inszenierung wäre (noch) wirkungsvoller und überzeugender ohne die tänzerischen und choristischen Einlagen gewesen. Was soll z. B. ein Bach-Zitat illustrieren? Die zynische Liquidierung als Requiem? Trotzdem sehenswert. Starker Beifall! Hingehen! HANS BERTRAM BOCK

Die Inszenierung war außergewöhnlich, die Kritik hat das nicht ganz so gesehen – trotzdem spielten wir mit großem Erfolg.

genau so muss ein Theater aussehen, so hatte ich es mir als Kind immer vorgestellt und erträumt.

Fünfundzwanzig Jahre hindurch, also fast mein halbes bisheriges Leben lang, sollte mir das Theater künstlerische und berufliche Heimat sein. Wobei ich erst herausfinden musste, welche die mir entsprechende Art war, an meine Rollen heranzugehen. Die Schauspielschule hatte mich in dieser Hinsicht nur wenig vorangebracht. Bald stellte ich fest, dass es die Körperlichkeit war, über die ich zumeist den Schlüssel zu einer Figur finden konnte, jenen Punkt, von dem aus sich alles andere plötzlich wie von selbst ergibt. Ich erinnere mich ganz besonders an eine Inszenierung, die für mich einen zündenden Moment bedeutete. Ich spielte damals in Erlangen, wir probierten das Stück „Quartett" von Heiner Müller, ich in der Rolle der Madame de Merteuil. Das Stück ist eine Art Bearbeitung der „Gefährlichen Liebschaften" von Choderlos de Laclos. In einer Szene wird Valmont, die männliche Hauptfigur, aufgefordert, sich um Madame de Tourvel, ein junges Mädchen zu kümmern. Die Merteuil spielt in dieser Szene den Valmont, um ihm vorzuführen, wie er das Mädchen verführen und erobern kann.

Als wir diese Szene probten und ich aus der weiblichen Figur heraus in die männliche Rolle wechselte, hatte ich plötzlich eine Art Epiphanie. In genau diesem Augenblick wusste ich, wie Männer ticken, wie sie sich bewegen – und ich konnte es darstellen! Ein Moment der Erkenntnis, zu dem ich über den Text alleine niemals gelangt wäre.

Solche Aha-Momente gab es in meiner Laufbahn einige, und jeder einzelne brachte mich meinem schauspielerischen

Ideal näher und erweiterte meine Möglichkeiten auf der Bühne. In einer Inszenierung von Thomas Bernhards Stück „Am Ziel" etwa fand ich den Zugang zu meiner Rolle – der leicht belämmerten Tochter einer pausenlos monologisierenden Landhausbesitzerin –, während wir verschiedene Kleider durchprobierten, die der Regisseur aus dem Fundus seiner Mutter mitgebracht hatte. Wir machten auf der Probe eine Art Modenschau, weil die Kleider so herrlich verstaubt und exaltiert waren und blödelten uns damit durch den Nachmittag. Das Blödeln, der Humor, hat in der Kunst und insbesondere am Theater eine wichtige Funktion, denn man findet durch ihn viel heraus, produziert viele Einfälle. Beim Blödeln ist man frei, kann das Unmögliche annehmen und muss nichts erzwingen.

Nachdem ich mir eines der Kleider angezogen hatte und damit über die Bühne stolziert war, machte es „klick". Der leicht schräge, merkwürdige Gang, den ich ohne besonderen Grund begonnen hatte, war genau das Richtige für meine Rolle. Von diesem Gang aus konnte ich alles andere schlüssig entwerfen und spürte, wie ich mir die Rolle sprichwörtlich anzog.

Natürlich war es nicht immer so einfach. Als ich zum Beispiel am Staatstheater Mainz die „Medea" erarbeitete, „amputierte" mich die Regisseurin, Anna Badora, förmlich. Sie wusste, dass ich ein körperlicher, ein sehr expressiver Mensch war und untersagte mir genau diesen körperlichen Zugang. Medea, die für Jason all ihre göttlichen Attribute abgelegt hat, um ganz Frau für ihn zu sein und dann in Jasons Heimat Kolchos zur unerwünschten Fremden wird – das war für Anna Badora der Schlüssel zum Stück, von dort ausgehend wollte sie die Rolle mit mir aufbauen.

Während der Vorproben hatte ich allerdings ein wenig das Gefühl, dass Badora mir die Medea nicht ganz geben wollte, dass sie selbst mehr über die Rolle wusste und sie in gewisser Weise für sich selbst behalten wollte. Meine Zweifel wurden stärker, als mir zu Ende der Vorprobenzeit, knapp vor der Sommerpause, zugetragen wurde, dass Anna sogar in Betracht zog, mich umzubesetzen. Dieses Gerücht versetzte mir einen ganz schönen Schlag. Aber ich entschied mich dagegen, Anna zu konfrontieren, und beschloss stattdessen, mich ab sofort mit noch mehr Elan in meine Rollenarbeit zu stürzen.

„Du kannst doch Griechisch", hatte Anna im Laufe der Vorproben einmal zu mir gesagt, und ich musste es verneinen, weil ich die Sprache meines Vaters ja leider nie richtig erlernt hatte. Aber nun kam mir eine Idee: Ich bat meinen Vater, einen der zentralen Monologe Medeas aus Grillparzers Stück ins Neugriechische zu übersetzen und nahm mir die Übersetzung in meinen Urlaub nach Griechenland mit. Als ich dort an einem Abend den Monolog ein paar griechischen Freunden vorlesen wollte, um mir von ihnen rückmelden zu lassen, ob meine Aussprache korrekt war, passierte etwas Seltsames. Ich wurde von einer solchen Leidenschaft für die Rolle gepackt, fühlte mich so ident mit ihr, dass mich ein fast göttlicher Zorn im Hinblick auf die angeblich drohende Umbesetzung befiel. Zurück in Mainz probte ich mir wochenlang die Seele aus dem Leib, notierte jedes kritische Wort von Anna Badora und arbeitete wie eine Berserkerin.

Am Abend der Premiere ging ich hinter dem herabgelassenen Eisernen Vorhang, einige Stunden vor Vorstellungsbeginn, auf die Bühne und versenkte mich noch einmal in aller Stille in meinen Part. Ich fühlte mich wie eine gespannte Feder. Niemals zuvor, dachte ich, war ich so bereit, auf der Bühne alles und mein Bestes zu geben. Als ich dann während meines Monologs ins Neugriechische wechselte, konnte ich die Verwunderung im Publikum spüren, und meinem im Publikum sitzenden Vater flossen Tränen der Rührung und des Stolzes die Wangen herab. Einen Großteil des Stückes spielte ich wie ein lauerndes Raubtier in der Hocke – am Ende hatte ich also doch wieder einen genuin körperlichen Zugang zu meiner Rolle gefunden. Und diese Arbeit mit Anna Badora war trotz – oder gerade wegen – der zu überwindenden Schwierigkeiten eine der produktivsten und schönsten meines Lebens.

Ebenso wie ich erst in der Praxis meinen Zugang zum Theaterspielen fand, konnte ich auch erst dort herausfinden, was ich als Schauspielerin nicht kann. Zum Beispiel als ich am Theater Regensburg in Georges Feydeaus satirischem Stück die Madame Chandebise spielte, und mir klar wurde, dass ich mit exaltierten Damen leider schlecht zurecht kam. Es gab Zeiten, da hatte ich das Gefühl ständig wachsender Kräfte und Fähigkeiten und traute mir in Momenten der Selbstüberschätzung zu, buchstäblich alles spielen zu können. Das hat sich inzwischen geändert. Ich weiß heute genauer über meine schauspielerischen Stärken bescheid, vor allem aber will ich gar nicht mehr alles spielen können.

Als ich noch sehr jung war, gab es einige Bezugspunkte: Große Kolleginnen und Kollegen, die mich sehr beeindruckt haben, im Wien der 1980er Jahre hatte ich Gelegenheit, einige Ausnahmetalente zu sehen, wie Gertraud

Als Medea am Staatstheater Mainz,
unter der Regie von Anna Badora, 1992

Jesserer, Erika Pluhar, Klaus Maria Brandauer und noch viele andere. Helmut Qualtinger, den mein Vater noch persönlich gekannt hat, ich hingegen sah ihn nur einmal zufällig nackt hinter dem Fenster seiner Wiener Wohnung stehen, ist noch so ein Großer: Qualtinger, der unvergleichliche Satiriker, Kabarettist und Schauspieler, der es vermochte, wenn man ihn nur einmal „Die letzten Tage der Menschheit" von Karl Kraus lesen gehört hat, ein ganzes Ensemble entstehen zu lassen – alleine durch seine stimmlichen Variationen. Qualtinger ist für mich bis heute ein unglaublich beeindruckender Künstler. Freiheit und Freidenkertum waren in seinem Fall auch mit tabubrechendem politischem Bewusstsein und einer grandiosen Menschenkenntnis verbunden. Er schöpfte, wie manch andere, aus einem ganz anderen Reservoir als ich. Obwohl ich in Wien zu Zeiten des Aktionismus groß geworden bin, war ich doch zu jung, um mich von dieser – sicher für einige inspirierenden – Radikalität anstecken zu lassen.

Ich traue mich viele Dinge nicht, bin diskret und empfinde kein Vergnügen an Voyeurismus und Radikalität. Das versperrt mir in meiner eigenen Arbeit manchmal den Weg zu jenen Anteilen der Schauspielkunst, die darauf aufbauen, Menschen, die ganz anders sind als ich selbst, bis in ihr Intimstes zu belauschen und zu beobachten. Das kann ich nicht. Möchte ich nicht. Auch wenn ich eine Menge aus Beobachtungen gelernt habe und mich so künstlerisch annähere, liegt meine Stärke sicher darin, meine eigenen Erfahrungen, Erlebnisse und Gefühle für die Rolle, die ich gerade spiele, produktiv werden zu lassen. Wenn das gelingt, dann gelingt mir sehr viel.

Ein anderer wichtiger „Lehrer" war für mich die Literatur. Ich habe immer gern und viel gelesen, heute fehlt mir leider die Zeit und die Muße für große Geschichten. Literatur erlaubte es mir, mich in die verschiedensten Figuren und Situationen, in unterschiedlichste Lebensentwürfe einzufühlen, sie eröffnete mir neue und bisher unbekannte Gefühlswelten. Die Figuren sind mir sympathisch und beherbergen ein Identifikationspotential oder sie befremden mich und wecken Antipathie. Da lernt man wie von selbst. Besonders die russischen Klassiker, an Dostojewski erinnere ich mich ganz genau, habe ich verschlungen, aber auch die großen Franzosen, Engländer, Amerikaner – und später die Erzählungen von Alice Munro oder die Essays von Susan Sontag.

Rainer Werner Fassbinder ist ein anderer Großer, dessen Arbeit man aber nicht übersehen konnte, gerade in meiner ersten Zeit in München, noch vor Abschluss der Schauspielschule. An Fassbinder finde ich bis heute seine verstörende Intensität, die er sich selbst und seiner ganzen Truppe abverlangte, großartig. Ein manchmal total selbstzerstörerischer Zugang, natürlich, aber eben auch einer, der beeindruckende Akzente setzte. Was nicht heißt, dass ich glaube, man müsse Schauspieler quälen oder schlecht behandeln, damit sie zu großer Form auflaufen. Wenn alle inhaltlich an einem Strang ziehen und die Chemie zwischen den Beteiligten stimmt, kann Theater mehr vermitteln, als nur Spaß am Spielen. Aber zugleich glaube ich auch nicht daran, dass aus einer zu spannungslosen Harmonie, aus einer Saturiertheit in der Kunst wirklich etwas entstehen kann. Widerstand ist notwendig. Ein bisschen muss es zwicken, bevor die guten Momente kommen. Und alle Beteiligten müssen es wirklich wollen, sonst passiert gar nichts.

Aus genau diesem Grund hatte ich immer ein riesiges Problem damit, wenn Kollegen in der Garderobe saßen und strickten oder Däumchen drehten, während wir auf der Bühne waren. Man spürt auf der Bühne und im Zuschauerraum, ob die Stimmung von hinten gestützt wird oder nicht. Wenn man die Spannung nicht auch dann hält, wenn man für das Publikum nicht zu sehen ist, dann wirkt das jener mystischen Kraft entgegen, die großes Theater immer auszeichnet. Wie ein Don Quijote kämpfte ich manchmal gegen die Windmühlen der Gleichgültigkeit und der Routine, die sich unter den Bedingungen fester Engagements und jahrelang gleichbleibender Personenkonstellationen zwangsläufig einstellten.

Eines war für mich immer klar: Entweder erzählt man als Ensemble eine Geschichte, oder man erzählt sie eben nicht. Wenn man das nicht gemeinsam macht, wird auch der Einzelne nichts geben können. Es bleibt dann partikular, und das ertrage ich nicht. Das ist wie beim guten Jazz: Es gibt keine Protagonisten, alle kommen nach ihrem Solo wieder zurück auf's gemeinsame Thema. So wollte ich immer Theater spielen. Die Momente, in denen es so war, erinnert jeder, der sie erlebt hat, da bin ich sicher. Denn dann lösen sich die Individualitäten auf und die Spieler werden zu einer gemeinsamen, geistigen Energie. Genau das kann das Theater bewirken, und eigentlich zahlt es sich nur dafür aus, sich die ganze Mühe überhaupt anzutun. Wie oft kann so etwas im Leben passieren? Wie oft haben wir denn die Chance, einen kollektiven Akt zu erleben, der etwas bedeutet und den man wirklich mitnimmt? Dafür aber sind wir Schauspieler da. Im Grunde empfinde ich Schauspiel als die Übertragung der Rolle eines modernen Messias. Als Schauspieler durchwandere ich Situationen, die der Zuschauer wahrscheinlich nie selbst erleben kann und vielleicht auch gar nicht erleben will. Wenn man das nicht mit der nötigen Leidenschaft macht, mit der Hingabe, aufgrund derer man sich selbst als private Person zurückstellt, gibt man nichts. Dann erlebt man diesen Moment nicht. Das wäre eine vertane Chance.

Nicht jeder Stoff hält diesem Anspruch stand. Aber man kann aus einer Figur nur etwas lernen, wenn man sich ihr vollends überlässt – immer im Bewusstsein, sie dabei auch an den Zügeln zu halten. Wenn das gelingt, bekommt man als Schauspieler unheimlich viel zurück. Als ob man eine Sternschnuppe sieht: Ein Moment von Glück, eine Überschreitung, wie im sexuellen Akt. Das geht am Theater nur im Zusammenspiel mit anderen, die ebenfalls offen für diese Qualität von Erfahrung sind. Gerade das ist das Überwältigende und Schöne daran.

Einer, mit dem ich meinem Ideal zeitweise ziemlich nahe kam, war der rumänische Regisseur und Leiter der Schauspielschule Athanor: Professor Doktor David Esrig. Zoltan und ich lernten Professor Esrig in Essen kennen, wo er ein paar rumänische Schauspieler um sich geschart hatte, mit denen er eine ganz eigene Vision von Theater zu verwirklichen suchte. Was Esrig machte, ging mir von Anfang an sehr nahe. Es war eine Theaterkultur, die viel mit Mystik, Magie und Nähe zu den mythologischen Ursprüngen des altgriechischen Theaters zu tun hatte. Esrig selbst war für mich immer so eine Art Weißmagier.

Zoltan und ich schlossen uns Ende der 1980er-Jahre seiner Gruppe an, kündigten unser damaliges Engagement in Essen und gründeten gemeinsam mit Esrig und seinen Leuten das sogenannte Athanor-Theater. Athanor ist die Bezeichnung für den Ofen der Alchemisten, in dem man in früheren Zeiten versuchte, Gold herzustellen. Kein schlechter Name für ein Theater.

Von Esrig lernten Zoltan und ich enorm viel, auch über die Commedia dell'Arte, von der wir an unseren bisherigen Stadttheater-Engagements nicht viel mitbekommen hatten. In dieser Zeit mit dem Athanor-Theater eignete ich mir ein anderes Handwerk des Schauspielens an, eines, das nicht über vordergründige Figurenpsychologie funktioniert, sondern mit tieferen Schichten unseres Erlebens und unseres Daseins arbeitet. Auch der Luxus, sich für die Arbeit so viel Zeit zu nehmen, wie die jeweilige Inszenierung eben benötigt, anstatt unter dem Termindruck der Schauspielhäuser zu stehen, tat uns in dieser Zeit sehr gut und gab uns ein Stück der Freiheit zurück, die wir lange vermisst hatten. Als wir noch in Essen „Nachtasyl" von Maxim Gorki probten, bauten wir uns alle gemeinsam eigenhändig unsere Bühne dafür und waren wochenlang staubig und voller Erde, die wir in Schubkarren in eine aufgelassene Zeche schafften. Wir erschufen unseren eigenen Bühnenraum, den es so vorher noch nicht gab. Wir bauten unser „Nachtasyl", dadurch waren wir emotional schon anders mit dem Raum vertraut und das ermöglichte uns und dem Publikum einen anderen Erlebnisreichtum. Diese und viele andere Inszenierungen von Esrig haben mich für seine Arbeit sehr eingenommen.

Ich war immer eine Schauspielerin, und bin es wahrscheinlich noch, die beim Proben schnell auf die Bühne will, um dem Text Körperlichkeit zu verleihen. Bei Esrig musste ich lernen, mich zu gedulden: „Nehmen wir einen Platz, meine Lieben", sagte er immer mit seinem unnachahmlichen rumänischen Akzent. Und dann wurde strukturiert, gelesen und nochmals strukturiert und wieder gelesen. Vorher hatte ich immer aus dem Bauch heraus gespielt, jetzt gab es auf einmal Struktur, methodisches Arbeiten, sowie einen unerhörten Reichtum mythischer Geschichten, die Esrig mit dem Stoff verwob und daraus einen wieder eigenen Raum schuf.

Seine Methode hatte nicht nur den Vorteil, dass man kaum alleine Text lernen musste, weil man ihn bei den Proben ohnehin so oft gemeinsam wiederholte. Esrigs Methode der Strukturierung lehrte mich auch erst, mit Texten wirklich souverän umzugehen, sie zu bearbeiten, sodass aus ihnen noch vor der ersten Bühnenprobe ein Teppich wurde, der einen beim Spielen gleich fünf Zentimeter über dem Boden schweben ließ. Unter seiner Anleitung fühlten wir Schauspieler uns vom Text getragen wie ein Opernsänger von der Musik: Die Atmosphäre, die man sich im Sprechtheater sonst erst aus dem Nichts erschaffen musste, war bei ihm im Rhythmus des Textes bereits vorgezeichnet.

Mit Esrig verschlug es Zoltan und mich schließlich ins oberbayrische Polling. Weil das Athanor-Theater dort eine Heimat suchte, beschlossen wir, uns auch selbst eine zu schaffen. Der Besitzer der Klosterbrauerei Polling zeigte uns ein Haus, das er vermietete. Zoltan und ich verliebten uns sofort in dieses Haus und seine Geschichte. Es handelte sich um eine alte Bahnhofsrestauration, deren Wirtshaus-Konzession sogar immer noch gültig war, sodass Zoltan

Die ehemalige Bahnhofsrestauration in Polling
wurde für 22 Jahre unser Zuhause.

und ich in den folgenden Jahren immer wieder mit dem Gedanken spielten, das alte Wirtshaus neu zu eröffnen. Unser Haus lag inmitten wunderbar sanfter Hügel, die ganze Landschaft war unheimlich schön und die Luft so satt und kräftig, dass ich anfangs fast Schwierigkeiten beim Atmen hatte.

Was wir damals allerdings nicht wissen konnten, war, dass unsere Zusammenarbeit mit Professor Esrig bald der Vergangenheit angehören und die Athanor-Truppe sich auflösen würde. Ich war damals, 1987, bereits im sechsten Monat mit Julian schwanger, aber immer noch voll dabei, wenn wir von Wirtshaus zu Wirtshaus zogen, um mit Esrig Commedia dell' Arte zu spielen. Irgendwann betrachtete der Professor meinen zunehmend runden Bauch und sagte: „Es gibt auch die Pille." Da dachte ich mir, wenn wir uns nur noch mit Esrigs Zuspruch vermehren dürfen, möchte ich dieser Gruppe nicht mehr angehören.

Das war nur der Auslöser, nicht der eigentliche Grund für unsere Loslösung von Esrigs Truppe. Zoltan hatte sich zuvor schon von ihm entfremdet, vielleicht spürten wir einfach, dass wir das, was wir von ihm lernen konnten, schon gelernt hatten und nun die Zeit für einen neuen Lebensabschnitt angebrochen war, den die Geburt unseres Sohnes markieren sollte. So fiel es uns letztlich nicht schwer, den Absprung zu schaffen. Unabhängig davon ist die Zeit mit Esrig eine der produktivsten in meinem Leben gewesen, die ich auf keinen Fall missen möchte. Professor Esrig ist heute schon über achtzig und leitet eine Schauspielakademie in Passau. Ich bin sicher, dort gibt es ausgesprochen interessantes Theater zu sehen.

Leider sehe ich diese Art von Theater heute kaum noch. Wenn man die Schritte auf den Brettern hört, dann stimmt etwas nicht, dann wird es artifiziell, im negativen Sinn ideenreich, selbstgefällig und merkwürdig laut. Womit ich nicht behaupten will, dass es zu meiner Zeit immer geklappt hätte mit der Magie. Ich weiß noch gut, als Julian erst drei Jahre alt war und wir im Jahr 1990 am Schauspielhaus in Wien mit dem Regisseur Karl Welunschek den „König Ubu" probten, die Übersetzung kam von H. C. Artmann. Wir – Zoltan, Julian und ich – hatten uns bei meinem Vater einquartiert, Zoltan und ich sollten in diesem Stück nach längerer Zeit wieder einmal gemeinsam auf der Bühne stehen. Nach einer Woche zog Zoltan aus, er übersiedelte in seine eigene Wiener Wohnung, die er immer noch besaß, und ließ mich mit Julian bei meinem Vater zurück, weil er meinte, sich so besser konzentrieren zu können. Während der Proben musste Julian bei meinem Vater bleiben, woran er noch nicht gewöhnt war. Wir probten jeden Tag, jedesmal weinte Julian, bis mein Vater einen mutigen Plan fasste: Er packte Julian ein und fuhr mit ihm nach Griechenland auf sein geliebtes Amorgos. Ich machte mir Sorgen, ob Julian dafür nicht noch zu klein war und mein Vater sich damit nicht übernehmen würde. Amorgos war nicht leicht zu erreichen und entsprechend genauso schwer wieder zu verlassen. Was, wenn Julian zu sehr unter Heimweh leiden würde? Aber mein Vater wollte uns damit einfach die Freiheit geben, an unserem Projekt zu arbeiten.

Nur standen bei jeder Probe bereits um zehn Uhr morgens die Dopplerflaschen auf dem Tisch. Damals habe ich gesagt: Diese besoffene Partie brauche ich nicht. Entweder wir arbeiten hier ernsthaft, oder ich fahre zu meinem Kind.

Manchmal muss man erst erfahren, was man durch die viele Zeit am Theater versäumt, was einem entgeht, damit einem richtig bewusst wird, wie wichtig es ist, diese Zeit nicht mit Blödsinn zu verplempern. Julian und mein Vater verstanden sich auf Amorgos in der Zwischenzeit übrigens blendend. Wie wir die beiden ein paar Wochen später am Flughafen erwarteten, sich die Tore öffneten und unser kleiner tapferer Sohn in einem roten Anzug vor uns stand, den mein Vater ihm in Griechenland gekauft hatte, werde ich nie vergessen. Die Premiere von König Ubu war übrigens fulminant, und die Vorstellungen erfreuten sich großen Zuspruchs.

Zwei, drei Jahre lang war ich in erster Linie Mutter, bis ich in die Welt der fixen Engagements zurückkehrte, um genug Geld für das Überleben unserer kleinen Familie beizusteuern. Ich spielte zunächst in Ingolstadt, dann in St. Gallen und Erlangen, und schließlich kam ich nach Regensburg, wo ich einen Höhepunkt meiner Theaterkarriere erlebte. In Regensburg entstanden viele tolle Inszenierungen, und noch heute erinnert sich das Publikum erstaunlicherweise an mich und unsere Arbeit. Sieben Jahre war ich dort im teilweise festen Engagement, bis ich Anfang der Jahrtausendwende beschloss, dass es Zeit war, noch einmal etwas Neues zu wagen.

Viele Freunde und Kollegen hielten mich zum damaligen Zeitpunkt für verrückt, weil ich die finanzielle Sicherheit, die mir das feste Engagement gab, scheinbar leichtfertig über Bord warf. Aber ich spürte eben, dass der Zeitpunkt gekommen war, dem Theater zumindest vorübergehend Adieu zu sagen. Da musste es noch etwas anderes für mich geben als Stadttheater, ich hatte doch auch schon viel anderes

Maria Callas spielte ich 1999

gesehen und erlebt. Vieles faszinierte mich, und ich wollte einfach noch so vieles lernen und ausprobieren.

Wir hatten zu diesem Zeitpunkt in Regensburg schon ein paar Jahre lang eine Faust-Inszenierung gespielt, in der ich den Mephisto verkörperte. Mit dem Angebot dieser Rolle verführte und lockte mich der damalige Oberspielleiter und Regisseur Michael Bleiziffer nach Regensburg. Die Zusammenarbeit mit ihm und Martin Hofer, er spielte den Faust, war für uns drei eine glückliche und überaus produktive Zeit. Zuvor hatte es den Plan gegeben, die Sparte Schauspiel am Theater Regensburg zu schließen. Nach unserer „Faust"-Premiere war davon keine Rede mehr. Nach sechs Jahren und 98 Vorstellungen – leider sollte uns die hundertste verwehrt bleiben – wollte Bleiziffer einen Mega-Faust-Abend in Peter Stein-Manier auf die Bühne bringen.

„Wie, in der gleichen Besetzung?", fragte ich, weil ich es nicht ganz glauben wollte. Aber genau so war es geplant. „Nein", sagte ich, „nein, wie soll das gehen? Nach sechs Jahren? Wie soll man da noch einmal neu an den Stoff herangehen, sich in der Figur wieder erfinden, wenn doch schon jede Zelle des Körpers förmlich im Alleingang den Abend bestreitet?"

Da war für mich klar, dass ich gehen musste. Ich liebte Regensburg, aber jetzt hieß es, die Bequemlichkeit hinter mir lassen, noch einmal aufbrechen und schauen, was geht.

Fast zehn Jahre habe ich danach kein Theater mehr gespielt, weil mir Kino und vor allem das Fernsehen in gar nicht unangenehmer Weise dazwischengekommen sind. Aber ich wusste die ganze Zeit, dass ich mit dem Theater noch nicht durch war – es wird wiederkommen.

Faust, Martin Hofer und ich als Mephisto im „Faust", Regensburg 1996

Als Vittoria Pisani in Gerhard Fritschs „Fasching" mit meinem
Kollegen Nils Rovira-Muñoz

Ab 2011 begann ich wieder mit Theaterprojekten, zuerst wieder in Regensburg. Mit meinem langjährigen Kollegen Martin Hofer, der dort das Turmtheater übernommen hatte, machte ich in seinem Theater „Kleine Eheverbrechen" von Eric Emmanuel Schmitt, danach die „Unschuldsvermutung" im Wiener Rabenhof-Theater, wo ich den damaligen Finanzminister Karl-Heinz Grasser spielte. Und 2015 hatte ich Gelegenheit, ein weiteres Mal mit Anna Badora zusammenzuarbeiten: „Fasching" nach dem gleichnamigen Roman von Gerhard Fritsch, am Wiener Volkstheater. „Fasching" war ein spannendes Projekt, auf das ich sehr neugierig war, auch wenn sich am Ende vielleicht nicht alles einlösen ließ, was wir uns davon versprochen hatten.

Aber ich bin wieder von der Theaterlust gepackt, auch wenn es heute nicht mehr mein täglich Brot ist, auf der Bühne zu stehen. Gerade das gibt mir die Freiheit, mich nach Projekten umzusehen, die mich wirklich interessieren, die mir Neues und noch nicht Gelebtes versprechen. Und da gibt es immer noch so viel, davon bin ich überzeugt.

Ich habe die Medea gespielt, die Lady Macbeth, die Callas in der „Meisterklasse", die Merteuil in „Quartett" und vieles mehr. Aber ich weiß ganz genau: Wenn mit einer Gruppe von Leuten die reale Chance besteht, jene Theatermagie zu schaffen, die so selten ist, werde ich alles stehen und liegen lassen, um mit dabei zu sein.

Weil es sich dafür ganz einfach immer lohnt.

Aufgenommen von meiner Freundin, der damaligen
Regensburger Theaterfotografin Juliane Zitzlsperger

SCHWEIGEN

Ende des Jahres 2007 ging meine Stimme kaputt: mein Markenzeichen als Schauspielerin. Dieser tiefe, sonore Klang, der mitunter dazu führte, dass ich am Telefon als „Herr Neuhauser" angesprochen wurde. Eine ganze Reihe von Rollen bei Film und Fernsehen hatte ich bekommen, weil man meine Stimme so expressiv und spannend fand – sodass ich mich irgendwann fragte, ob die Leute eigentlich an mir als Schauspielerin interessiert waren, oder ob sie in Wirklichkeit nur meine aufregende Stimme engagieren wollten.

Als junges Mädchen war ich irgendwann fast wie ein Knabe in den Stimmbruch gekommen. Wahrscheinlich eine Folge davon, dass ich bereits als Zehnjährige mit dem Rauchen begonnen hatte. Ich war diesbezüglich vorbelastet: Meine Mutter rauchte ihr ganzes Leben lang. Als sie mit meinem Bruder Alexander schwanger war, gab sie das Rauchen noch vorübergehend auf; als sie meinen Bruder Peter erwartete, reduzierte sie es immerhin; aber als ich in ihrem Bauch heranwuchs, rauchte sie ganz einfach weiter, als ob nichts passiert wäre. So habe ich den Tabakkonsum gewissermaßen schon mit der Nabelschnur mitbekommen.

Eines Tages, als ich von der Schule nach Hause kam, fühlte ich mich plötzlich von der schönen Messing-Schatulle angezogen, die auf dem Wohnzimmertisch meines Vaters stand und aus der er sich selbst und seine Gäste bediente, wenn wir Besuch empfingen. Ich öffnete die Schatulle, nahm eine Zigarette heraus und zündete sie an. Was soll ich sagen: Von diesem Moment an war ich Raucherin. Und bald schon musste ich mich um Nachschub kümmern. Ein paar Wochen später war die Schatulle zwar noch nicht gerade leer, aber ich befürchtete wohl zu Recht, dass meinem Vater der Zigarettenschwund in dem Kästchen irgendwann auffallen musste. Mit ein wenig schauspielerischem Talent war es damals nicht besonders schwierig, in der nächstgelegenen Trafik auch als Zehnjährige an eine Packung Zigaretten zu kommen: „Die Mama ist krank und hat mich geschickt ...“ „Na, ausnahmsweise.“ Und weil die Sache so problemlos über die Bühne ging, kaufte ich von meinem Taschengeld gleich zwei Packungen: Mit der einen füllte ich die Schatulle meines Vaters wieder auf. Die andere war mein erster eigener Rauchvorrat – es sollten bis heute viele, sehr viele weitere folgen.

Über die Jahre forderte dieser Konsum seinen Tribut, und irgendwann war es so weit, dass ich meine Stimme auch bei Dreharbeiten nicht mehr wirklich im Griff hatte. Es dauerte immer länger, bis ich überhaupt zu Stimme kam. Und manchmal brach sie mir von einem Augenblick auf den anderen einfach weg.

Ich konsultierte eine Reihe von Ärzten, die mir allesamt von einer Operation abrieten. Zwar litt ich eindeutig unter dem Reinke-Ödem, einer dauerhaften Schwellung der Stimmlippen, die im Prinzip durch einen operativen Eingriff behoben werden konnte. Aber da dieses Ödem abgesehen vom negativen Einfluss auf meine Stimme nicht gesundheitsschädigend war, hielten die Ärzte das Risiko einer Operation für nicht gerechtfertigt. Die meisten waren nicht bereit, den Eingriff durchzuführen, weil sie nicht dafür garantieren konnten, dass meine Stimme danach nicht völlig anders oder womöglich noch beschädigter wäre als zuvor.

Da sich meine stimmliche Disposition aber immer weiter verschlechterte und die Sache langsam für eine Schauspielerin existenzbedrohende Ausmaße annahm, gab ich meine Suche nach einem mutigen Arzt nicht auf. Schließlich fand ich einen Wiener Spezialisten, der mit mir darin übereinstimmte, eine Operation wäre die einzig angemessene Lösung. Wir legten einen Termin fest, und ich begann, mich psychisch darauf vorzubereiten, dass meine Stimmbänder bald unters Messer kommen würden.

Bevor es so weit war, musste ich aber noch die Dreharbeiten zu einem Kinofilm hinter mich bringen, für den ich bereits engagiert war. Der Film hieß „Räuber Kneissl". Ich spielte darin die Mutter einer jungen Frau, die sich in den titelgebenden Räuber verliebt. Eine unangenehme Person, diese Mutter, die sich einer scheußlichen Intrige bedient, um den Liebhaber ihrer Tochter loszuwerden. Endlich keine dieser von mir „heiß geliebten" hysterischen Frauenrollen, für die ich immer wieder besetzt und gecastet wurde, sondern eine kräftige, fast monströse Frau, die in Sorge um ihre Tochter zu grausamen Mitteln greift.

Der Dreh verlief zunächst gar nicht schlecht. Niemand bemerkte meine stimmlichen Probleme, und niemand – außer meiner Familie, ein paar Freunden und meiner Agentin – wusste Bescheid, dass schon bald nach Drehschluss meine Operation angesetzt war.

In der letzten Szene, die ich zu spielen hatte, kam es zur Konfrontation zwischen Mutter und Tochter. Die Tochter erfährt vom Verrat der Mutter am Räuber und stellt sie zur Rede. Als Reaktion sollte ich sie in Mundart anbrüllen, so laut es nur ging: „Was hätt i denn tuan solln, was hätt i denn tuan solln?!" Während dieses Streits fuhren wir der Kamera in einer Kutsche davon, und der Auftrag des Regisseurs an mich lautete, solange verzweifelt zu schreien, bis ich per Funkgerät das Signal erhielte, dass die Kutsche aus dem Bild gefahren sei.

Genau das Richtige für eine starke Raucherin mit völlig kaputter Stimme. Aber als professionelle und pflichtbewusste Schauspielerin konnte und wollte ich mir keine Blöße geben, immerhin war es die allerletzte Szene für mich bei diesem Dreh. Ich beschloss also, die Kräfte zu sammeln, noch einmal alles zu mobilisieren, was meine Stimmbänder hergaben, und die überzeugendste monströse Mutter zu mimen, die das deutschsprachige Kino jemals gesehen hatte. Die Klappe wurde geschlagen, und ich fing zu schreien an, als ob es kein Morgen gäbe. Der Weg der Kutsche kam mir endlos vor. Nach einer durchbrüllten Ewigkeit hörte ich ein Knacken im Funkgerät, dann die Stimme des Regisseurs: „Adele, wir müssen es leider noch einmal machen."

Ich wäre beinahe in Tränen ausgebrochen. Während sich die Kutsche zurück zum Ausgangspunkt bewegte, war mir klar, das bringe ich ganz einfach kein zweites Mal mehr.

Was, wenn das böse Weib, das ich hier darstellte, nicht nur das Leben seiner Tochter ruiniert hatte, sondern mir auch noch endgültig und unwiderruflich meine Stimme zerstörte?

Zugleich wusste ich, mir blieb gar nichts anderes übrig als weiterzumachen. Ich versuchte, mich innerlich mit Durchhalteparolen aufzuputschen: Das geht schon noch einmal, Adele, du bist ein Profi, du kannst das – Adele, du MUSST!

Die Klappe wurde zum zweiten Mal geschlagen, und ich verfiel wie gewünscht wieder in mein aufgeregtes Gekreische. Aber gerade in dem Augenblick, als sich die Kutsche in Bewegung setzte, hörte ich meinen Regisseur ins Megaphon sprechen: „Danke! Und das war die letzte Einstellung für Adele Neuhauser. Adele ist abgedreht!"

Das Team und die Kollegen applaudierten. Die Szene war in Wirklichkeit bereits erfolgreich im Kasten. Markus Rosenmüller, der Regisseur, hatte sie nur zum Schein noch einmal wiederholen lassen, um mir einen angemessenen Abgang zu bescheren – kein ungewöhnlicher Vorgang beim letzten Drehtag eines Darstellers, aber in diesem Fall hätte ich gerne darauf verzichtet.

Als mir klar wurde, dass ich die Schreierei endgültig hinter mir hatte, fing ich doch noch zu weinen an. Man wird die Tränen wohl meiner Rührung über den Applaus zugeschrieben haben, und das war mir in diesem Moment auch gar nicht unrecht.

Je näher mein Operationstermin rückte, umso größere Sorgen machte ich mir. Was, wenn all die vorsichtigen Ärzte Recht hatten, die mir von einer Operation dringend abgeraten hatten? Was, wenn ich an einen medizinischen

Abenteurer geraten war, der sich zu viel zutraute oder das Risiko nicht ausreichend berücksichtigte?

In jedem Fall bestand die sehr reale Möglichkeit, dass der Eingriff nicht den gewünschten Erfolg erzielte. Dann aber würde ich meinem Beruf auf Dauer nicht weiter nachgehen können. Das erste Mal seit langer Zeit musste ich mich mit der Frage beschäftigen, was ich außer der Schauspielerei mit meinem Leben sonst noch anfangen könnte.

Ich überlegte hin und her und erinnerte mich schließlich an die Zeit, als mein Ex-Mann und ich in unserem Haus in Polling gelebt hatten und manchmal nicht wussten, wovon wir die nächste Miete oder den nächsten Einkauf bezahlen sollten. Als Zoltans Auftragslage einmal besonders schlecht war und auch ich kein Engagement hatte, heuerte ich in dem Gasthof, in dem wir selbst Stammgäste waren, als Kellnerin an. Mir machte die Arbeit nichts aus, Zoltan aber war es ziemlich peinlich, dass ich auf einmal dort Gäste bediente, wo wir uns, wenn wir gerade Geld hatten, selbst bedienen ließen. „Adele, das geht nicht, wir sind doch Künstler – und Trinker! Wir müssen unser Gesicht wahren", hielt er mir vor. Und tatsächlich kehrte ich bald wieder in die künstlerische Spur zurück, das Kellnern blieb für mich nur eine Episode.

Wenn ich nun aber nach der Operation ohne brauchbare Stimme dastehen sollte, würde es kein Zurück zu meiner Kunst mehr geben. Natürlich, ich könnte mich um eine Position als Schauspiellehrerin bemühen. Über genügend Erfahrung, um etwas an die Jungen weiterzugeben, verfügte ich inzwischen.

Oder Schriftstellerei, Geschichten erzählen? Seit Jahrzehnten verkörperte ich Figuren der dramatischen Literatur, warum also sollte ich nicht versuchen, selbst Literatur zu schaffen? Anderen eine Stimme geben, anstatt die eigene zu bemühen, mit diesem Gedanken hatte ich immer wieder einmal gespielt, vielleicht war das also die Lösung.

Andererseits – kann man sich in der Lebensmitte einfach hinstellen und sagen: Ab heute bin ich Schriftstellerin? Wäre ich selbst in der Lage, mir diesen (Über-)Mut zu beglaubigen?

Mir fiel die Geschichte ein, wie mein Sohn Julian sich als Kleinkind ganz dringend sein erstes Fahrrad gewünscht hatte. Als Zoltan und ich eines für ihn erstanden hatten und Julian das erste Mal im Sattel saß, sagte er auf einmal: „Ich hab's mir überlegt, ich brauch doch kein Fahrrad …"

Nur nicht scheitern. Irgendwie hatte ich das Gefühl, es könnte mir mit der Schriftstellerei so ähnlich ergehen. Mein Leben lang hatte ich große Angst vor dem Scheitern gehabt, Angst davor, den Ansprüchen, die ich selbst und die andere an mich stellten, nicht zu genügen. In meinem Leben ist schon einige Male schmerzlich etwas den Bach runtergegangen. Bei manchen TV-Produktionen, wo ich kleinere Rollen ungelenk spielte, weil es mir nicht gelang, die oft schlechten Dialoge natürlich wiederzugeben. Oder bei Castings, wo ich an der übermächtigen Konkurrenz scheiterte. Trotzdem war es mir nur in der Schauspielerei gelungen, mich dem Scheitern auch zu stellen, über die Angst hinauszuwachsen und in der Arbeit an der Rolle eine heilsame Distanz zu meinem privaten Selbst zu finden.

In diesem Moment wurde mir klar, dass ich unbedingt Schauspielerin bleiben wollte. Ich wollte keinen anderen Weg einschlagen, zumindest jetzt noch nicht. Diese verdammte Operation musste einfach gelingen. Musste! Meine Stimme würde zurückkehren, das spürte ich. Auch die Szene in der Kutsche hätte ich schließlich noch drei Mal gemacht, wenn es wirklich hätte sein müssen.

Trotzdem hatte ich unmittelbar vor der Operation wahnsinnige Angst. Als ich aus der Narkose erwachte, bat mich der Arzt, einen Ton von mir zu geben, etwas zu sagen, um zu überprüfen, ob die Stimme noch da war. Und Gott sei Dank: Sie war da. Der Arzt war zufrieden und verordnete mir sechs Wochen absolute Stille, in der ich wirklich nur in Notfällen und auch dann nur ganz vorsichtig und ohne Druck leise sprechen sollte.

Diese stillen Wochen wurden eine unheimlich heilsame Zeit – nicht nur für meine Stimme. Sogar das Rauchen gab ich für ganze dreieinhalb Jahre auf, obwohl der menschenfreundliche Arzt es mir erlaubt hätte. Als zwölfjähriges Mädchen hatte ich mir einmal vorgenommen, in einen Schweigeorden einzutreten, weil mir das eigene Geplapper ebenso auf die Nerven ging, wie die vielen verletzenden Worte der Menschen um mich herum.

Nun war dieser Wunsch unter ganz anderen Vorzeichen und auf sechs Wochen begrenzt unverhofft wahr geworden. Ich durfte schweigen und musste mich dafür noch nicht einmal rechtfertigen. Was für ein herrlicher Zustand.

Aber schon bald nach Ablauf der sechs Wochen stand mein nächstes Engagement an: eine Rolle im Kinofilm „Perlmutterfarbe", wieder unter der Regie von Markus Rosenmüller. Ich war mir nicht sicher, ob ich dafür bereit war, aber ich wollte es unbedingt versuchen. Vorsichtig begann ich wieder zu sprechen. Meine Stimme klang ganz eigenartig.

Es war ein unbeschreiblich seltsames Gefühl, plötzlich mit einer Stimme zu sprechen, die einem selbst nicht vertraut ist. Solange ich noch schwieg, hatte ich nur beim Niesen oder anderen unwillkürlichen Lauten eine Ahnung davon bekommen, wie sich meine Membran verändert hatte. Jetzt, als ich mich selbst sprechen hörte, war ich mir plötzlich gar nicht mehr so sicher, was ich von meinem neuen akustischen Organ halten sollte. Naturgemäß war ich anfangs noch ziemlich heiser, die Stimme brach häufig weg, und mir fehlte das Gefühl für ihren Sitz, von dem aus ich den Klang in die Welt hinausschicken konnte.

Dabei hatte mir gerade das in der stimmlichen Arbeit immer viel Spaß gemacht. Schon als Schulmädchen war ich ja begeisterte Speerwerferin. Das ist eine Disziplin, bei der man viel darüber lernt, wie man etwas wirkungsvoll mit Kraft von sich wegschickt – ob das ein Speer ist oder die Klangwellen der eigenen Stimme, macht einen geringeren Unterschied, als man glaubt.

Immerhin hatte ich mit dem Film, für den ich engagiert worden war, angesichts der Umstände ziemliches Glück. Es handelte sich bei „Perlmutterfarbe" nämlich um einen Kinderfilm, in dem ich eine märchenhafte Buchhändlerin verkörpern sollte. Die Vorsicht, mit der ich meine *neue* Stimme während dieses Films einsetzte, passte gar nicht schlecht zu jener geheimnisvollen Stimmung, die einen guten Märchenfilm im Allgemeinen ausmacht.

Nach und nach gewöhnte ich mich an meine neue Stimme, so wie man einen neuen Freund kennenlernt und ihn zunehmend gerne um sich hat. Eine Zeit lang klang ich allerdings immer noch ein wenig, als hätte ich einen hysterischen Anfall hinter mir, sobald ich versuchte, etwas mehr Nachdruck in meine sprachlichen Äußerungen zu legen.

Ich erinnere mich gut daran, wie ich manchmal mit einer Freundin telefonierte und sie fragte, ob sie das Gefühl habe, dass meine Stimme sich inzwischen normalisiert habe. „Ja ... geht eh schon ganz gut ...", sagte sie jedes Mal. Und ich wusste, ihr vorsichtiger Zuspruch bedeutete, dass es noch überhaupt nicht gut ging!

Aber ebenso, wie ich durch meine Operation endlich die hysterischen Frauenrollen hinter mir lassen sollte, die mich solange zu meinem Missvergnügen begleitet hatten, fiel die Reminiszenz an die Hysterie nach und nach auch von meiner neuen Stimme ab, mit der ich Tag für Tag und Woche für Woche besser modulieren konnte.

Als ich meine Stimme wieder ganz im Griff hatte, die nun deutlich weniger rau und tief klang, geschah in mir etwas Erstaunliches: Ich fühlte mich zum ersten Mal in meinem Leben ganz und gar weiblich. Und ich hatte auch keine Scheu mehr davor, weiblich zu sein.

Meine gesamte Jugend hindurch hatte mich die Angst begleitet, ich könnte zu schwach oder verletzlich wirken, wenn ich mich weiblich gebe. Ich war immerhin im zehnten Wiener Gemeindebezirk aufgewachsen, damals wie heute ein etwas raueres Pflaster. Meine sonore Stimme hatte gut zu dem Schutzschild gepasst, den ich der Welt gegenüber aufgebaut hatte, um mich vor Verletzungen zu schützen. Erst jetzt bemerkte ich, wie sehr die schlechten Gefühle mir selbst gegenüber, die ich jahrzehntelang wie einen Rucksack mit mir herumgetragen hatte, mit dem Klang der inneren Stimme zusammenhingen, in der ich zu mir selbst gesprochen hatte und die der Spiegel meiner Sprechstimme war. Diese tiefe, nicht besonders feminine Stimme, die doch alle immer so interessant und herrlich exaltiert fanden, war solange Zeit ein mir nicht wohlgesonnener Fremdkörper gewesen, ohne dass ich mir dessen bewusst war. Erst durch die Operation und ihr Ergebnis hat sich mit der Veränderung der Physis auch dieser psychische Knoten bei mir gelöst.

Seither gehe ich mit einer guten Portion mehr Selbstvertrauen durch die Welt. Meine Engagements wurden nach der Stimmveränderung übrigens keineswegs weniger, ganz im Gegenteil. Ich bekam sogar interessantere Rollen – solche, die besser zu mir passen und in die ich mehr von dem einbringen kann, was ich bin.

Und wenn mich heute jemand für eine Rolle will, dann weiß ich: Er will Adele Neuhauser. Er will mich. Nicht nur eine aufregende Stimme.

In München, 1996

ZEIT ZU GEHEN

Was bedeutet es, wirklich zu leben?

Man kann diese Frage akademisch nennen, sie als unbeantwortbar und sinnlos abtun. Jeder Mensch stellt sie sich irgendwann ganz ernsthaft, aber manche scheinen ganz gut ohne eine Antwort darauf auszukommen. Ich glaube aber, die meisten Künstler arbeiten sich auf die eine oder andere Weise ihr Leben lang an dieser Frage ab. Und zwar gleichermaßen in ihren Werken wie in ihrem sogenannten Privatleben, das von der künstlerischen Arbeit ja nicht immer sauber zu trennen ist.

Eine mögliche Antwort auf die Frage nach dem wahren Leben, auch wenn das paradox klingt, ist der Selbstmord. Er kann als der letzte und höchste Exzess des Lebens gedacht sein, als krönende Überschreitung – oder die logische Konsequenz aus der Erkenntnis darstellen, dass das wirkliche Leben, wie man es sich erträumt hat, unerreichbar bleibt.

Zwischen meinem zehnten und einundzwanzigsten Lebensjahr habe ich insgesamt sechs Selbstmordversuche verübt. Manche davon waren ernster gemeinter als andere. Alle sechs waren einerseits dem Wunsch geschuldet, dem Selbsthass zu entgehen, der meine Pubertät begleitet hatte. Andererseits sollten sie Ausdruck meiner Todesverachtung sein und meinem Umfeld zeigen, wie hart und rücksichtslos ich mir selbst gegenüber sein konnte. Sie sollten letztlich beweisen, wie stark ich bin – obwohl sie in Wirklichkeit Ausdruck meiner Schwäche und meiner Unsicherheit waren.

Irgendwie hatte sich rund um mein zwölftes Lebensjahr bei mir das Gefühl verfestigt, dass es für alle Beteiligten leichter und besser würde, wenn ich nicht mehr da wäre. Die Trennung meiner Eltern nach ihren jahrelangen, dauernden Streitereien war für beide eine Belastung gewesen, und ich versuchte, so gut es ging, es allen recht zu machen. Ich dachte sehr viel an andere und kaum an mich selbst.

Zu dieser Zeit kam ich auch langsam in die Pubertät und meine Empfänglichkeit für Stimmungen aller Art nahm zu. Bis heute ist es so, dass ich sehr schnell für fast jeden Spaß zu haben bin, zugleich aber auch traurigen Stimmungen rasch und intensiv nachgebe. Diese Veranlagung zusammen mit einer pubertären Portion Selbstverachtung und unserer verworrenen familiären Situation waren genug, um in mir den Wunsch nach Selbstmord erwachen zu lassen. Aus dem flüchtigen Gedanken wurde bald eine Obsession, ich musste nur noch den Mut fassen. Eines Tages kam ich von der Schule nach Hause, ging ins Badezimmer, nahm die Klinge aus dem Nassrasierer meines Vaters, legte eine traurige Schallplatte auf – ich glaube es war eine Platte von Billy Holiday, die ich sehr liebte –, setzte mich in unserem Vorzimmer auf den Boden und schnitt mir die Pulsadern auf.

Wenig später läutete es an der Tür. Ohne viel nachzudenken öffnete ich, und eine meiner Schulfreundinnen betrat die Wohnung. Sie sah sofort, was los war, und rief meinen Vater im Büro an, der in Panik nach Hause raste. Da ich quer statt längs geschnitten hatte, war ich nicht in unmittelbarer Lebensgefahr, und mein Vater traf rechtzeitig zu Hause ein, um mich zu versorgen.

Und etwas später sagte er einen Satz, der für mich in gewisser Weise schon meinen nächsten Suizidversuch herausforderte: „Warum tut sie mir das an?" Mittlerweile kann ich mir besser vorstellen, wie er sich gefühlt haben muss. Trotzdem empfand ich seine Reaktion zum damaligen Zeitpunkt als verletzend und rücksichtslos. Ich hatte darauf hinweisen wollen, wie schlecht es mir ging und wie dringend ich Aufmerksamkeit für meine Probleme benötigte, und mein Vater stellte als Reaktion darauf sich selbst und sein Leid in den Mittelpunkt. In gewisser Weise war das Weitere damit schon vorgezeichnet.

Im Laufe der Jahre wurden meine Auslöschungsversuche zu einer Art extremer Mutprobe, gepaart mit dem Wunsch, mich selbst zu verletzen und mir Schmerzen zuzufügen. Das Seltsame war nur: Ich war nicht im eigentlichen Sinne depressiv. Ich hatte meine Probleme mit mir selbst, das ja, aber die meiste Zeit führten mein Vater und ich ein schönes und glückliches Leben. Weil aber mein erster Selbstmordversuch so jämmerlich gescheitert war, musste ich mich, sobald ich in diese gewisse Stimmung verfiel, wieder und wieder in die Situation bringen, in der ich mir zu beweisen hatte, dass ich den Tod immer noch nicht fürchtete.

Ich war immer mein größter Feind, mein ärgster Kritiker, so war es auch bei diesen Suizidversuchen: Du schaffst es nicht, Adele, du bist zu feig, zu schwach! – mit solchen

Selbstbeschimpfungen trieb ich mich selbst in den nächsten idiotischen Versuch.

Nach meinem letzten gescheiterten Suizidversuch im Alter von einundzwanzig Jahren beschloss ich aber, dass ich endgültig genug davon hatte: Adele, lass doch den Unfug, du *willst* leben! Es hat doch keinen Sinn, ständig so zu tun, als wolltest du es nicht, ermahnte ich mich. Und ich hatte – zum Glück – Recht: Den Willen zum Suizid hatte ich als eine Art wiederkehrende Mutprobe aus meiner Adoleszenz mit ins junge Erwachsenenalter genommen, aber er entsprach mir und meiner Haltung dem Leben gegenüber nicht mehr. Ich war inzwischen erwachsen geworden und beschloss, von nun an meiner Lebenslust zu folgen.

Wenige Monate später heiratete ich meinen Schauspielkollegen Zoltan Paul Pajzs, der den letzten meiner sechs Anläufe, mich aus dem Leben zu verabschieden, hautnah miterlebt hatte und deshalb wusste, wie untrennbar dieses Thema mit meiner Vergangenheit verbunden war. Als wir uns auf einer gemeinsamen Reise in Griechenland befanden, war Zoltan eifersüchtig, weil er sich einbildete, dass ich mit anderen Männern flirtete. Um sich an mir zu rächen, begann er an Ort und Stelle eine Affäre mit einer anderen Frau, und ich dachte voller Trotz und verletztem Stolz: Ich bin in Griechenland geboren, also kann ich auch in Griechenland sterben. Folglich leerte ich die Packung mit Beruhigungsmitteln, die Zoltan hin und wieder gerne einnahm, und spülte sie mit ein wenig Wasser allesamt hinunter.

Als ich wieder zu mir kam, stützte Zoltan mich und führte mich durch unser Zimmer auf und ab, um meinen Kreislauf wieder in Gang zu bringen. Sobald ich wieder halbwegs bei Bewusstsein war, lehnte er mich in eine

Zimmerecke und kochte eine große Menge starken Kaffee, den er mir anschließend schluckweise einflößte. Nach diesem letzten gescheiterten Versuch hatte ich genug und versuchte es kein weiteres Mal mehr.

Jahrzehntelang hatte Ungarn eine der höchsten Suizid-Raten weltweit, und Zoltan hatte mehrere Freunde und Bekannte auf diese Weise aus dem Leben scheiden sehen. Entsprechend war auch seine Einstellung der Praxis des Suizids gegenüber anders als meine. Während ich immer noch eine Art des Aufbegehrens gegen die Welt darin erblicken wollte, sah Zoltan vor allem die Konsequenzen, die diese Auslöschungsversuche haben konnten: den unwiederbringlichen Verlust geliebter Menschen, die nicht hätten sterben müssen. Das bedeutet nicht, dass er selbst nie mit dem Gedanken, seinem Leben eigenhändig ein Ende zu setzen, gespielt hätte. Als temperamentvollem und impulsivem Mann waren ihm solche Ideen nicht fremd. Durchaus. Aber für Zoltan blieb es eben immer genau das: ein Gedankenspiel. Ein gebranntes Kind scheut das Feuer, heißt es.

Ich weiß nicht mehr genau, weshalb das Thema Suizid plötzlich wieder auftauchte, als wir an jenem Nachmittag im Jahr 2001 mit unseren Hunden von Polling nach Eberfing unterwegs waren. Wir waren gerade dabei, uns einen Plot für unseren ersten eigenen Kinofilm auszudenken, und ich war es, die die Idee hatte, Selbstmord könnte darin eine zentrale Rolle spielen. Wahrscheinlich war es ganz einfach so, dass ich mit meiner Vergangenheit diesbezüglich noch nicht durch war und deshalb den Drang verspürte, dem Thema eine künstlerische Form zu geben – vielleicht, um danach damit endgültig abschließen zu können.

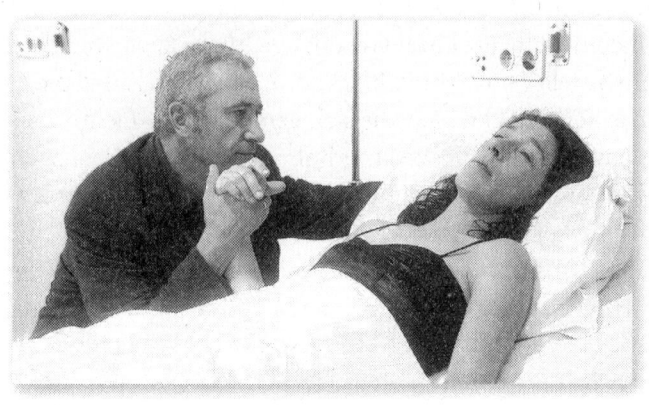

Als Alma mit Robert Giggenbach in unserem Film „Gone"

Zoltan fand meine Idee interessant, und als wir nach acht Kilometern Fußmarsch im Gasthof „Zur Post" in Eberfing ankamen und uns zu einem Bier setzten, hatten wir die Geschichte für den Film, der später den Namen „Gone" erhalten sollte, in ihren Grundzügen bereits entworfen: Ein Schriftsteller mit Schreibblockade lernt durch Zufall die Frau eines Verlegers kennen, die sich gerade im Krankenhaus von einem Selbstmordversuch erholt. Er schnappt Bruchstücke ihrer Geschichte auf, die ihm nicht nur den lange gesuchten Stoff für sein nächstes Buch bieten, sondern in ihm auch den immer dringlicheren Wunsch wecken, mit ihr eine Affäre zu beginnen, die im gemeinsamen Suizid ihren Höhepunkt finden sollte. Von den Nachstellungen des Schriftstellers zunächst abgestoßen, zeigt sich die Frau zunehmend fasziniert von dem tiefen Verständnis ihrer Psyche, das er in einem an den Verlag ihres Mannes gesandten Manuskript demonstriert. Sie fühlt sich mit diesem Künstler in anderer Weise verbunden als mit ihrem soliden, vernunftbetonten Ehemann, und lässt sich auf das in die Todesrichtung weisende Spiel des Schriftstellers ein.

So weit waren Zoltan und ich uns einig, aber über das Ende der Geschichte entbrannte im Gasthaus eine heiße Diskussion, die am Heimweg und danach zuhause fortgesetzt werden musste. Ich wollte, dass die Protagonistin ihren einmal gefassten Entschluss bis zum Ende durchhält und folgerichtig mit ihrem Liebhaber in den Freitod geht. Zoltan fand ein solches Ende unerträglich: Was wäre das für eine Botschaft? Es erschien ihm geradezu pubertär, den Heroismus dieser gebrochenen Heldin nicht in Frage zu stellen, sondern gewissermaßen unwidersprochen triumphieren zu lassen.

Ohne dass wir es gleich bemerkten, hatte sich aus der Diskussion über den Stoff für unseren ersten gemeinsamen Film ein Streit über die Deutung meiner Vergangenheit entwickelt. Ich forderte kraftvoll ein, dass meine Suizidversuche als Teil meiner Lebensgeschichte ernst genommen und nicht nachträglich klein gemacht wurden. Zoltan wiederum wollte nicht, dass ich meine pubertären Leidenschaften weiterhin idealisierte, sondern sie als fehlgeleitete Reaktion auf meine seelischen Probleme erkannte.

Er setzte sich durch. Immerhin war er der Regisseur von uns beiden, und auch das Drehbuch schrieb in den nächsten Wochen vorwiegend er. Ich war ihm eher durch dramaturgische Kritik und meinen Fokus auf die Stimmigkeit der Figuren behilflich – war also mehr fachlich-inhaltliche Beraterin als Co-Autorin. Dafür übernahm ich selbstverständlich die weibliche Hauptrolle, während Zoltan, obwohl ja selbst auch Schauspieler, dieses Mal hinter der Kamera blieb.

Bei diesem Film handelte es sich für uns beide um eine Herzensangelegenheit, und wir wollten das Projekt nicht zuletzt deshalb in Angriff nehmen, weil wir es als einen künstlerischen Befreiungsschlag betrachteten: Es schrieb niemand etwas für uns, also mussten wir uns eben selbst einen Stoff schaffen, eine Story entwickeln und auch umsetzen, wenn wir einen Film nach unseren Vorstellungen verwirklichen wollten.

Als die erste Fassung des Drehbuchs fertig war, stellte sich die Frage nach der Finanzierung des Projekts. Da traf es sich ideal, dass wir nach einigen eher mageren finanziellen Jahren gerade unverhofft eine Steuerrückzahlung erhalten hatten. Kurzerhand beschlossen wir, das gesamte Geld, mit dessen Erhalt wir ohnehin nicht gerechnet hatten, in unser Filmprojekt zu investieren. Damit war zumindest ein finanzieller Anfang gemacht.

Natürlich hätten wir auch den konventionellen Weg gehen können: Suche nach einer Produktionsfirma, Abklappern sämtlicher Förderstellen, Umarbeitung des Stoffes nach den Vorstellungen von Produzent und geldgebenden Institutionen et cetera.

Genau das war es, was wir *nicht* wollten. Wir wollten dieses eine Mal die volle künstlerische Kontrolle über ein Projekt haben, es nach unseren Vorstellungen gestalten und keine Kompromisse eingehen. Es war schon schwer genug gewesen, uns zu zweit auf ein Ende für unsere Geschichte zu einigen. Hätten noch mehr Leute ihren Senf dazugegeben, wäre die Idee am Ende wahrscheinlich sanft entschlafen, anstatt zu einem Film zu werden.

Einen ganz eigenen Spielfilm zu machen, war sehr aufregend und motivierend – aber auch wahnsinnig mühsam. Wir mussten jedes Detail eigenhändig vorbereiten und organisieren. Der Cast setzte sich aus einer Reihe von Schauspieler-Kollegen und Freunden zusammen, die wir über die Jahre kennengelernt hatten und die sich, wie das gesamte Team, bereit erklärten, an unserer Vision mitzuarbeiten, ohne dafür bezahlt zu werden. Es gibt eine Szene im Film, wo eine Gruppe von Leuten beim Verleger-Ehepaar zu einer Party eingeladen ist: Da saß quasi fast unser gesamter Freundeskreis bei Tisch.

Zum Glück konnten wir auch einen exzellenten Kameramann für den Film gewinnen, der noch dazu eine Kamera in den Dreh einbrachte, die damals zum Fortschrittlichsten gehörte, was der Digitalkameramarkt so anzubieten hatte. Über einen Umweg ermöglichte uns diese Kamera sogar doch noch den Zugang zu einem deutschen Filmförderungstopf: Da unser Film der erste deutsche Spielfilm zu werden versprach, der in High-Definition-Auflösung gedreht wurde, erhielten wir vom Bundesland Nordrhein-Westfalen eine Art Innovationsförderung. Als Gegenleistung mussten wir für ein paar Szenen in dieses Bundesland ausrücken, um dort zu drehen, was uns nicht allzu viele Probleme bereitete. Die unverhoffte Förderung konnten wir jedenfalls bald dringend gebrauchen, denn das Geld aus unserer Steuerrückzahlung reichte gerade einmal für die allernötigsten Ausgaben. Filmdrehs sind eine enorm kostspielige Angelegenheit, es war also von Anfang an klar, dass unser Projekt einzig in der Low-low-Budget-Kategorie angesiedelt sein konnte. Was uns an Geld fehlte, sollte durch persönlichen Einsatz und schauspielerische Qualität kompensiert werden.

Um noch mehr Ausgaben einzusparen, machten wir unser Haus und unseren Garten in Polling zu einem der Hauptdrehorte, in dem alle Szenen gedreht wurden, die sich im Haus des Verlegers und seiner Ehefrau abspielten. Unser Film war also nicht nur in unseren Köpfen omnipräsent, er war auch in unserem Heim allgegenwärtig, es gab eigentlich kein normales Leben mehr für uns.

Schließlich hatten wir alle Vorarbeiten bewältigt und der Dreh sollte im Sommer 2002 innerhalb von circa drei Wochen über die Bühne gehen. Ich war damals noch am Theater in Regensburg im festen Engagement und kam direkt nach Ende der Spielzeit zum Dreh. Eigentlich war ich ziemlich urlaubsreif, und das sah man mir anscheinend auch an.

Eine Szene aus „Gone", gedreht in unserem Haus in Polling

Drehpause mit Zoltan in unserem urigen Garten

„Du bist so mager", sagte Zoltan, während er mich mit seinem Regisseur-Blick kritisch musterte, „trink halt ein paar Biere oder so, damit du wenigstens ein bisschen zulegst." Als ob das in der kurzen Zeit etwas genützt hätte. Außerdem fand ich, dass die Selbstmordkandidatin, die ich verkörpern sollte, auch etwas abgemagert und hager sein durfte.

Gleich zu Beginn des Drehs stellte ich fest, dass mir die künstlerische Auseinandersetzung mit dem Thema Selbstmord keine emotionalen Probleme machte, was ich eigentlich auch erwartet hatte. Im Gegenteil, die Arbeit bereitete mir Genuss, weil mir die Themen vertraut und auch die negativen Gefühle und Gedanken der Figur geläufig waren. Die größte Überwindung während der Dreharbeiten bestand für mich tatsächlich darin, mich in einer Szene nackt zu zeigen.

In eine ähnliche Situation war ich schon einmal geraten, als ich am Theater in Essen das Stück „Soldaten" von Jakob Michael Reinhold Lenz spielte. Auch da war es meine Idee gewesen, dass meine Figur ihren Liebsten in einer Szene nackt empfängt, um ihm zu demonstrieren, dass sie bereit ist, ihm alles zu geben. Als der Zeitpunkt dafür näherrückte, sich auf der kahlen, hell erleuchteten Probebühne auszuziehen, wurde mir etwas mulmig zumute. Später, bei der Aufführung, war es dann kein Problem mehr, auch wenn einige Techniker neugierig die Szene verfolgten: Während der Vorstellung war ich in der Magie des Abends und ganz in meiner Figur. Am Set von „Gone" fühlte ich mich ein bisschen an die Stimmung auf der Probebühne erinnert. An einem Filmset sind nun einmal viele Menschen beteiligt. Der Regisseur, die Kameracrew, die Beleuchter, Regieassistenz und Script. Da fällt es, gerade bei einer Beischlafszene, schwer, sich so weit in die Situation hineinzuschrauben, dass sich die eigene Nacktheit von Scham und peinlichen Gefühlen ablöst und zu einer Funktion der Rolle wird.

Als der Dreh abgeschlossen war, stellten wir fest, dass uns der Prozess des Filmschnitts, die ganze Postproduktion, vor noch größere Herausforderungen stellte. Mehrere Monate verbrachten wir vor dem Bildschirm und feilten an verschiedenen Schnittfassungen. Je länger wir daran arbeiteten, umso unzufriedener wurden wir mit dem Ergebnis: Vieles, was uns bei der Ideenfindung und im Schreibprozess noch als authentisch und bedeutsam erschien, kam uns jetzt allzu artifiziell und irgendwie ungut pathetisch vor. Nach einiger Zeit hatten wir jede Distanz zum Material verloren und fühlten uns zunehmend unfähiger zu entscheiden, was gelungen war und was lieber entfallen sollte.

Nicht nur ich, auch Zoltan hatte einige seiner Lebensthemen in „Gone" verarbeitet. Wie die Todesfaszination der weiblichen Hauptfigur einen Teil meiner Persönlichkeit widerspiegelte, so waren beide Männerfiguren mit Themen beschäftigt, die Zoltan umtrieben. Der künstlerische Rausch des Schriftstellers, die Schreibblockaden, die Suche nach absoluter Aufrichtigkeit und größtmöglicher Intensität einerseits; und andererseits der Wille zu festen Grundsätzen, Vernunft und Prinzipientreue, wie die Figur des Verlegers sie repräsentierte.

Abgesehen davon hatten wir fast alles in den Film hineingelegt, was uns lieb und teuer war: So wurde zum Beispiel in fast jeder Szene exzessiv geraucht, weil dieses Rauchen für uns Verwegenheit und einen gewissermaßen französischen Film- und Lebensstil repräsentierte. Neben unserer relativen

Unerfahrenheit mit dem Medium Film war es gerade diese extreme Nähe zu den in „Gone" angeschnittenen Themen, die es für uns so schwer machte, jenen Abstand zum Material zu wahren, der sowohl uns als auch dem Film gut getan hätte.

Trotzdem habe ich in dem einen Jahr, das wir für den Schnitt von „Gone" brauchten, unglaublich viel über das Filmemachen gelernt. Wahrscheinlich mehr als bei irgendeinem anderen Projekt davor oder danach. Der Film, den der Zuschauer zu sehen bekommt, setzt sich beim Schneiden ja erst zusammen. Bei der Erarbeitung des Buches und bei den Dreharbeiten waren wir von John Cassavetes' Filmen und auch von Wong Kar-Wai's „In the Mood for Love" inspiriert gewesen. Nun aber aus den vielen einzelnen Einstellungen die Richtige zu wählen, um dem Film die gewünschte Atmosphäre und den richtigen Rhythmus zu geben, war die schwierigste Aufgabe überhaupt. Es war eine schier unendliche Bastelarbeit, die uns zeitweise in hitzige Diskussionen und neurotische Anfälle trieb.

Eines Tages waren wir dann aber plötzlich fertig. Aber mit so einem „selbstgemachten" Spielfilm ist es ein wenig wie mit einem Fluch: Immer, wenn man glaubt, jetzt ist es geschafft, fängt die Mühe erst richtig an. Zoltan führte gefühlte fünftausend Telefongespräche, um eine Distribution des Films zuallererst überhaupt möglich zu machen und dann auch noch Aufmerksamkeit dafür in lokalen und überregionalen Medien zu generieren. Und im Rahmen unserer begrenzten organisatorischen Möglichkeiten hatten wir damit sogar Erfolg. Die Premiere des Films fand im März 2004 in München statt, später wurde „Gone" an verschiedensten Orten in Deutschland gespielt, unter anderem auch in „unserem" Kino in Weilheim, unweit von unserem Haus in Polling.

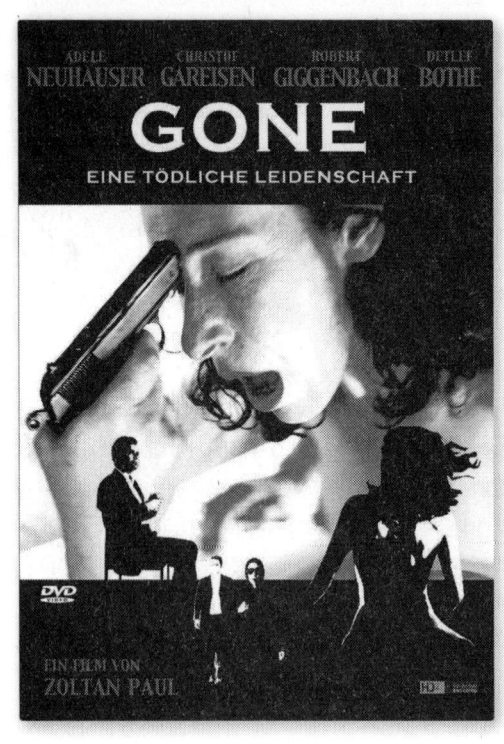

DVD-Release 2004

Die 5.000-Zuschauer-Grenze hat „Gone" auf diese Weise immerhin geknackt. Die Reaktionen aus der Branche waren positiv, auch wenn den meisten der Plot des Films zu schwer erschien und unangenehm war.

Jahre später habe ich mir den Film, mit dem Zoltan und ich am Ende nicht wirklich zufrieden gewesen waren, noch einmal angeschaut, und siehe da – ich fand ihn gar nicht mehr so übel. Das ist ein interessanter Aspekt beim Filmemachen, und einer, der dieses Medium so fundamental vom Theater unterscheidet: Beim Film wird etwas festgehalten, gewissermaßen bis in alle Ewigkeit, und man kann es sich mit Jahren oder Jahrzehnten Abstand wieder und wieder anschauen! Beim Theater ist es ein Abend, ein vergänglicher Augenblick. Aber die Möglichkeit des Zurückschauens hat schon etwas für sich, auch wenn sie gleichzeitig gnadenlos sein kann. Bei manchen Theaterinszenierungen aus den Siebziger- oder Achtzigerjahren, in denen ich mitgewirkt habe, bin ich im Grunde ganz froh, dass ich sie mir nicht noch einmal anschauen kann und muss.

Über die Existenz von „Gone" hingegen freue ich mich. Nicht weil es etwa ein cineastischer Meilenstein wäre, das möchte ich nicht behaupten. Aber in diesem Film hat sich viel von dem niedergeschlagen, was Zoltan und mich, was unsere Partnerschaft damals ausgemacht hat. Es ist schön zu wissen, dass daraus nicht nur unser wunderbarer Sohn Julian entstanden ist, sondern auch ein spannender und verrückter Spielfilm.

Mit „Gone" war das Thema Selbstmord für mich künstlerisch abgeschlossen, und auch im richtigen Leben lag es nun endgültig hinter mir. Zwei Jahre später gab ich einer österreichischen Zeitung ein Interview, in dem ich meine Selbstmordversuche öffentlich machte. Ich tat das nicht, um mich interessant zu machen, sondern weil ich Menschen zeigen wollte, die sich in ähnlichen Situationen befinden wie ich damals, dass man aus dieser dunklen Sackgasse auch wieder herauskommen kann.

Mich nervten zeitlebens Interviews mancher Stars und Sternchen, bei denen angeblich alles immer perfekt und wunderbar verlief und kein Wölkchen den strahlenden Himmel ihres schnurgeraden Wegs nach oben trübte.

Mein Leben war eben nicht so, und als ich mit meinen Fernsehauftritten immer mehr Erfolg hatte und damit mein Publikum deutlich größer wurde, verspürte ich das Bedürfnis, mit noch mehr Offenheit den Menschen über mich zu erzählen. Warum bei mir manches ein bisschen schwieriger, ein bisschen zäher, ein bisschen langsamer voranging als bei anderen, das weiß ich selbst nicht. Aber es war eben so. Und meine depressive Phase mit ihrer Nähe zum Suizid war und ist ein Teil meines Lebens, den ich nicht verleugnen möchte, weil er mich ebenso sehr wie die guten Zeiten und Momente zu dem gemacht hat, was ich heute bin.

Nachdem ich meine Selbstmordversuche öffentlich gemacht hatte, bekam ich ungeheuer viel Zuspruch von Menschen, die selbst Ähnliches erlebt oder Menschen in ihrem Umfeld durch Suizid verloren hatten. Sie alle waren froh und dankbar darüber, dass das Thema öffentlich angesprochen und nicht – wie so oft – verschämt unter den Teppich gekehrt wurde. Diese Reaktionen bestärkten mich darin, dass es richtig gewesen war, offen über meine Vergangenheit zu sprechen.

Sie bestärkten mich auch darin, dass Zoltan und ich für unseren Film damals das richtige Thema gewählt hatten: Ein schwieriges Thema, sicher, aber gerade deshalb ein wichtiges.

Was wir Menschen dringend brauchen, ist die Möglichkeit, Themen, die uns beschäftigen, vielleicht auch beängstigen, mit etwas Abstand, ein paar Meter von uns weggerückt, zu betrachten. Etwas, das Zoltan und mir bei „Gone" nicht mehr möglich war, weil wir an diesem Film buchstäblich zu nahe dran waren. Anderen Menschen, die ihn im Kino gesehen haben, haben wir es aber ermöglicht. Auch dafür hat sich die ganze Arbeit gelohnt.

Bei dem Tatort-Dreh „Ausgelöscht" besuchte mich
mein Vater in der Weihburggasse am Set.

„ADELE, WO IST EIGENTLICH DEIN GLÜCK?"

Mein Vater war der erste echte Tote, den ich in meinem Leben gesehen habe.

Als Schauspielerin bildet man sich gerne ein, dass man auf solche Momente, die man in seinem Beruf schon oft durchgespielt hat, besser vorbereitet sei als andere Menschen. Die Wahrheit ist: Man kann das echte Leben nur bedingt in der Fiktion proben. Es ist natürlich etwas ganz anderes, den eigenen Vater im Totenbett liegen zu sehen, als eine „Tatort"-Szene zu drehen.

Als mich mein Vater einige Wochen zuvor, Anfang 2015, darüber benachrichtigt hatte, dass er sich ins Krankenhaus begeben muss, hatte ich meine Mallorca-Reise abgebrochen, um bei ihm zu sein. Josefina, die Frau meines Bruders Peter, bei dem ich auf Besuch gewesen war, sammelte auf der blühenden Insel Lavendel und Rosmarin für meinen Vater, und ich hatte ihm diese Gerüche zur seelischen Stärkung ins kalte, noch winterliche Wien mitgebracht. Jetzt betrat ich das Krankenzimmer, und der Lavendelstrauß lag auf seiner Brust. Der Körper meines Vaters war noch warm, seine Augen waren leicht geöffnet. Und weil es so aussah, als würde er mich ansehen, hoffte ich für einen kurzen Moment, er wäre doch noch nicht tot. Ich musste dem Impuls widerstehen, die Krankenschwester zu rufen, um noch einmal seinen Puls fühlen zu lassen, musste mir selbst klar machen: Adele, dein Vater ist wirklich gestorben.

Nur eine Stunde zuvor war ich noch bei ihm im Krankenhaus gewesen und hatte ihm frische Kleidung gebracht und seine geschwollenen Füße massiert. Ich glaube, mein Vater wollte mich ganz zum Schluss nicht mehr dabei haben. Als der Anruf mit der Nachricht kam, dass er gestorben war, sprang ich sofort ins Taxi und raste ins Wiener Allgemeine Krankenhaus, das doch nur zehn Minuten Fußweg entfernt war. Ich erinnere mich noch genau daran, wie ich den Gang im Krankenhaus entlanglaufe und dabei plötzlich denke: Oh Gott, Adele, das ist die erste Leiche, die du in deinem Leben siehst. Wirst du Angst haben?

Als ich neben meinem toten Vater in seinem Zimmer im Krankenhaus saß, neben seinem Sterbebett, wurde ich von einer schwer zu beschreibenden Mischung aus Gefühlen und Gedanken überwältigt. Ich versuchte, mir die Gegenwart seines Todes bewusst zu machen, dachte an gemeinsame Momente in der Vergangenheit und versuchte zugleich, mir meine Zukunft ohne ihn vorzustellen. Angst empfand ich dabei keinen Augenblick lang.

Erst als ich am nächsten Tag einen Anzug meines Vaters in die Pathologie bringen musste, überfiel mich ein bedrohliches, kaltes Gefühl.

In fast jeder „Tatort"-Folge muss ich einmal in die Pathologie, die sich im Krimi wie im echten Leben ganz unten im Keller befindet – und dunkel und unfreundlich ist.

Aber in diesem Moment war das Leben – beziehungsweise der Tod – doch sehr viel stärker als jedes Filmset, und ich hatte einige Mühe, nicht die Fassung zu verlieren.

Da sah ich zufällig, wie eine Frau neben mir ein lilafarbenes Kinderkleid aus einer Tasche zog, das bestimmt dem gleichen Zweck dienen sollte wie der Anzug meines Vaters. Und ich dachte plötzlich: Mein Vater ist zweiundneunzig Jahre alt geworden – was für ein wunderbares Alter. Um wie vieles schlimmer ist es, wenn ein Kind gehen muss.

Selbstverständlich beseitigte dieses Erlebnis die Trauer um meinen Vater keine Sekunde lang. Aber es setzte sie doch in eine Relation, die meinen Verlust ein wenig erträglicher für mich machte.

Im Jahr darauf, 2016, sind – mit nur einem Monat Abstand – meine Mutter und mein Bruder Alexander verstorben.

Natürlich weiß man, dass die eigenen Eltern nicht ewig leben und rechnet ab einem gewissen Zeitpunkt damit, sich eines Tages für immer von ihnen verabschieden zu müssen. Dass aber dann auch noch mein Bruder gehen musste, war ein völlig unerwarteter Schlag für seine Familie und für mich. Ich wurde durch diese so knapp aufeinanderfolgenden Ereignisse gezwungen, meine Trauer wirklich zuzulassen, mir Zeit für sie zu nehmen. Das war ich nicht nur mir selbst, sondern auch meinen verstorbenen Lieben ganz einfach schuldig. Und ich fühle, es hat dauerhaft etwas in meinem Blick auf mein Leben verändert.

Den ersten Hinweis, dass es auch um die Gesundheit meines Bruders nicht zum Besten stand, hätte mir unsere gemeinsame Reise nach Griechenland geben können, die wir unternahmen, um die Asche unseres Vaters zu verstreuen. Aber ich nahm die Anzeichen damals nicht als solche wahr, und auch Alexander ahnte, so glaube ich, damals noch überhaupt nichts von seinem Schicksal.

Mein Vater hat in seinem letzten Willen verfügt, dass seine Asche auf der griechischen Insel Amorgos, bei einem ganz bestimmten Felsen im Meer ausgestreut werden sollte. Mein Bruder Alexander brachte die Urne mit dem Auto nach Griechenland, ich flog nach Athen, und wir trafen uns auf der Insel, um unserem Vater seinen letzten Wunsch zu erfüllen. Das Problem war nur: Ausgerechnet am dafür vorgesehenen Tag konnten wir einfach kein Boot finden, das uns zu besagter Stelle gebracht hätte, weil es zu stürmisch war.

Wir beschlossen also, den Versuch zu unternehmen, dem Felsen wenigstens zu Fuß so nahe wie möglich zu kommen. Es war der 19. Juli 2015. Hochsommer. Jeder, der schon einmal in Griechenland gewandert ist, weiß, wie mühsam es sein kann, sich abseits der ausgetretenen Pfade über steiniges Gelände durch Unmengen von Disteln zu kämpfen. Genau darin übten wir uns die nächsten paar Stunden lang, wobei wir uns zwischendurch mehrmals verliefen und mit einigem Hin und Her wahrscheinlich dreimal so lang unterwegs waren wie nötig. Schließlich aber hatten wir es geschafft: Unter uns befand sich eine Schlucht, die den Blick auf den ersehnten Felsen freigab.

„So, hier wird jetzt ausgestreut!", sagte Alexander, der schon ziemlich erschöpft war.

Ich aber wollte nur noch ein Stück weiter zu einem Felsvorsprung, um dem Felsen wirklich so nah wie möglich zu kommen. Alexander ließ sich überreden, und ich hielt ihn sicherheitshalber von hinten an seinem Gürtel fest, damit er nicht in die Schlucht stürzte, während er die Urne öffnete und die Asche unseres Vaters aus dem dunklen Behältnis befreite. Der starke Fallwind von den Bergen zum Meer hinaus, der das Gehen vorher noch mühsamer gemacht hatte, kam uns jetzt gerade recht: Wie von Geisterhand getragen schwebte die Asche genau zu dem Felsen im Meer hinüber, den mein Vater sich ausgesucht hatte. Ganz zum Schluss blieb ein wenig Asche am Felsvorsprung hängen, sodass ich unwillkürlich denken musste: Oje, jetzt ist er nicht vollständig ... – dann war aber auch das geschafft.

Plötzlich musste ich fürchterlich weinen, aus einer Mischung aus Erschöpfung, Trauer und Erleichterung. Auch Alexander war fix und fertig. Als er den Rucksack wieder schulterte, in dem er die Urne mit der Asche unseres Vaters getragen hatte, sagte er: „Jetzt bemerk ich erst, wie schwer der Papa gewesen ist."

Den Rückweg schaffte er dann körperlich kaum mehr. „Geh nur, geh nur", rief er mir immer wieder zu, nur um mir später anzuvertrauen, dass er alleine wohl nicht mehr auf den Berg hinaufgekommen wäre. Er muss zu diesem Zeitpunkt die Krankheit – akute lymphatische Leukämie – schon in sich getragen haben. Die gleiche Krankheit, an der letztlich auch unser Vater gestorben war.

Trotzdem sollte er ab diesem Tag nur noch genau ein Jahr lang leben – bis zum 19. Juli 2016. Ist das nicht verrückt, und kann man es den Menschen in solchen Fällen verübeln, an Vorsehung, an ein Schicksal zu glauben? Die alten Griechen taten das bekanntlich, und so ist es immerhin passend, dass mein Jahr der Trauer in diesem Hochsommer auf einer griechischen Insel begann.

Mein Bruder Alexander, an dem Tag, als wir die
Asche unseres Vaters verstreut haben.

Als Alexanders Krankheit im Herbst 2015 schließlich diagnostiziert wurde, hatte die Zeit noch lange nicht gereicht, den Tod unseres geliebten Vaters richtig zu verarbeiten. Es begann zunächst ganz harmlos: Alexander hatte sich den Finger geritzt – nicht einmal geschnitten, nur geritzt – und die Wunde wollte einfach nicht verheilen. Als er damit schließlich zu einer Ärztin ging, stellte sie ihm eine entscheidende Frage, nämlich ob er vermehrt blaue Flecken am Körper hatte. Das musste er bejahen, und daraufhin überwies die Ärztin ihn richtigerweise sofort ins Krankenhaus, das er danach nicht mehr verlassen sollte.

Alexanders Krankheit brachte mich in eine außergewöhnliche Situation, weil ich die geeignetste Kandidatin für eine Stammzellen-Spende war, die ihm womöglich das Leben retten konnte. Plötzlich war ich, war mein Körper dafür verantwortlich, meinem Bruder zu helfen, sich gegen diese heimtückische Krankheit aufzulehnen. Nach einer Schrecksekunde war ich selbstverständlich bereit, alles zu tun, was sein Leben retten konnte.

Die erste Hürde war dabei aber die Frage: Sind wir wirklich kompatibel? Als sie nach einem Bluttest mit Ja beantwortet war, empfanden wir das beide als einen wichtigen Etappensieg. Wir hatten danach auch das Gefühl: So, jetzt drehen wir diese Welt noch einmal um. Klar, wir hatten beide auch große Angst, Alexander noch mehr, weil es ja *sein* Organismus war, der von jener lebensbedrohenden lymphatischen Leukämie befallen war, an der unser Vater erst vor Kurzem gestorben war. Aber er war ein vorbildlicher und positiv denkender Patient und auch ein lebensfroher Mensch. Meine Aufgabe war es, mir eine Woche lang zwei Mal täglich eine Injektion zu verabreichen, damit mein

Körper vermehrt Stammzellen produzierte und diese in mein Blut geschwemmt wurden.

Ich hatte mir vorher noch nie in meinem Leben selbst eine Spritze gesetzt. Wenn mir ein Arzt eine Injektion gab, schaute ich im Allgemeinen lieber zur Seite. Deshalb erläuterten mir eine Ärztin und eine Krankenschwester die richtige Technik, danach wurde mir noch ein Instruktionsvideo vorgeführt. Allerdings war die Frau in dem Video gut gepolstert und wog ungefähr doppelt so viel wie ich, sodass es bei ihr sehr einfach aussah, die Nadel an einer kompakten Stelle zu versenken. Wie sollte das bei mir funktionieren? Notgedrungen schob ich eine Bier- und Schmalzbrot-Diät ein, damit wenigstens ein bisschen mehr an mir dran war.

Trotzdem erlebte ich in dieser Woche vermutlich alle Pannen, die bei der Verabreichung einer Injektion möglich sind. Das Ganze wäre fast komisch gewesen, hätte es nicht einen so ernsten Hintergrund und Zweck gehabt: Einmal verbog sich beispielsweise beim Abziehen der Schutzhülle die Nadel, die ich danach von Hand wieder zurechtbog, in der Angst, sie dabei abzubrechen. An die Gefahr einer Infektion dachte ich dabei nicht. Ein anderes Mal hatte ich mich am Tag zuvor leicht am linken Zeigefinger geschnitten und die Wunde mit einem Pflaster verarztet. Als ich mir am nächsten Morgen schwor: Adele, heute machst du keine Fehler! Sehr vorsichtig zog ich die Schutzhülle ab und setzte die Injektion an, doch plötzlich befand sich keine Nadel mehr auf der Kanüle. Sie klebte an meinem Pflaster.

Etwas versierter wurde ich erst, als ich meine Fantasie aktivierte. Ich stellte mir vor: Adele, wenn du jemals alleine eine Weltumseglung machst, dann musst du auch in der Lage sein, dir im Notfall selbst eine Injektion zu verabreichen.

Dass ich noch nie mit einem Segelboot auf hoher See war, spielte für mich keine Rolle, aber es gab der Sache irgendwie etwas Verwegenes, das meinen Mut stärkte und meine Hand sicherer werden ließ.

Als ich schließlich zur Stammzellen-Spende im Krankenhaus in Stuttgart antrat, in dem mein Bruder behandelt wurde, war ich entsetzlich nervös. Ich wurde in eine Art riesigen Fernsehfauteuil gesetzt und durfte den Arm, in dem die dicke Nadel steckte, die ganze Zeit nicht bewegen. Das Zimmer ging über vor Schläuchen und Maschinen, die die Stammzellen aus meinem Blut filtern sollten, das danach beim anderen Arm wieder zurück in meinen Körper geleitet wurde. Die Prozedur fühlte sich genau so unangenehm an, wie sie klingt, und dauerte nicht weniger als fünf Stunden.

Um mich irgendwie abzulenken, beschloss ich, meinen Text für die nächste „Tatort"-Folge zu lernen. Eine Woche Dreharbeiten lagen – nach der Stammzellen-Spende – noch vor mir. Ich begann mit einer Szene, in der meine Figur, Bibi Fellner, erfährt, dass sie möglicherweise mit dem Ebola-Virus infiziert wurde. Das Setting, in dem ich mich befand, schien mir ideal, um mich beim Textlernen in diese Situation einzufühlen. Möglicherweise gelang mir das sogar zu gut – denn etwa eine halbe Stunde vor dem geplanten Ende der Stammzellen-Spende wurde mir entsetzlich schwindlig und mein ganzer Körper kribbelte.

„Ich glaube, ich werde gleich ohnmächtig!", rief ich, meine Position durfte ich ja nicht verändern. Sofort kam mir eine Ärztin zu Hilfe, die mich mit Kalzium, Magnesium, Kalium und Keksen versorgte und mit mir sprach, was das Schwindelgefühl bald vertrieb. „Bitte, nicht abschalten.

Wenn Sie weiter mit mir sprechen, geht es schon", bat ich die Ärztin. Wenn zu wenige Stammzellen gefiltert worden wären, hätte die ganze Prozedur am nächsten Tag noch einmal wiederholt werden müssen – keine schöne Vorstellung. Und es ging ja auch darum, so schnell wie möglich meinen Bruder mit frischen Stammzellen zu versorgen. Zehn Minuten vor Schluss ließen wir es dann, auf Entscheidung der Ärztin, gut sein. Zum Glück genügte das auch.

Nach der Spende musste ich erst einmal frische Luft schnappen, einen Espresso trinken und eine Zigarette rauchen, bevor ich mich fit genug fühlte, Alexander zu besuchen. Als ich sein Zimmer betrat, begann er fürchterlich zu weinen. Ich machte wohl doch noch einen ziemlich erledigten Eindruck. Aber es war geschafft, ich hatte ausreichend Stammzellen produziert – und das gab uns beiden neue Hoffnung.

Am nächsten Tag wurden Alexander die Stammzellen verabreicht, und eigentlich ging bis dahin alles so weit gut. Ich fuhr weiter zu meinem „Tatort"-Dreh in die Steiermark. Als ich von dort zurück nach Wien kam und meine Mutter in ihrer kleinen Wohnung in Favoriten besuchte, erwartete mich der nächste große Schreck: Sie schien abgemagert und regelrecht ausgetrocknet und machte insgesamt einen sehr schlechten gesundheitlichen Eindruck.

Beim Abschlussfest mit den Kollegen vom Dreh dachte ich laut darüber nach, was ich nun tun sollte: War es richtig von mir, dass ich sie gerne in ein Krankenhaus oder ein Heim transferiert hätte – oder versuchte ich dabei nur in egoistischer Manier, mein eigenes Bedürfnis nach moralisch richtigem Handeln und geordneten Verhältnissen zu befriedigen?

Natürlich konnte es mir niemand abnehmen, in dieser Sache selbst eine Entscheidung zu treffen. Meine Mutter, die einundachtzig Jahre alt war und schon ewig in ihrer 45 Quadratmeter großen Wohnung mit ihren zwei Katzen gelebt hatte, von denen eine inzwischen gestorben war, wollte ihr Zuhause einfach nicht verlassen. Ein mehr als verständlicher Wunsch, mich aber brachte er in ein Dilemma.

Einen Tag später fuhr ich noch einmal zu meiner Mutter und brachte ihr einen neuen Pyjama, damit sie sich wohler fühlte – vielleicht auch, ich gebe es zu, damit *ich* mich wohler fühlte. Als ich ihr half, die Pyjamahose zu wechseln, sagte sie: „Adele, jetzt sind wir dort angekommen." „Ja, jetzt sind wir dort angekommen. Aber schau, Mama, wir müssen etwas machen, du trägst ja nicht einmal diese blöde Uhr vom Samariterbund." Ich meinte die Uhr, mit der sie im Notfall in der Lage sein sollte, Hilfe zu rufen. „Was, wenn du stürzt und dann stundenlang hilflos daliegst?"

„Ja, manche Leute fallen sogar aus dem Bett", antwortete meine Mutter knapp.

Und noch einen rätselhaften Satz, der mich noch lange beschäftigen wird, sagte meine Mutter bei diesem allerletzten Gespräch. Aus jedem konkreten Zusammenhang gerissen, fragte sie mich: „Und, Adele, wo ist jetzt eigentlich *dein* Glück?"

Als meine Mutter am nächsten Tag das Telefon nicht abhob, ahnte ich eigentlich sofort, was geschehen war. Ich fuhr zu ihr, läutete nur noch einmal an, dann schloss ich die Wohnungstür auf und ging ins Schlafzimmer, wo ich sie tot, neben ihrem Bett liegend, fand. Meinem ersten Impuls folgend versuchte ich, meine Mutter hochzuheben, sie ins Bett zu

Mit meiner Mutter Elisabeth in ihrer Wohnung in Wien-Favoriten

hieven, aber obwohl sie doch so ausgezehrt war, schaffte ich es einfach nicht.

Vor wenigen Monaten hatte ich die Asche meines Vaters verstreut, mein Bruder Alexander lag, womöglich sterbenskrank, in einem Stuttgarter Krankenhaus, und hier saß ich am Boden neben meiner toten Mutter und musste ganz praktisch darüber nachdenken, wen ich nun anrufen und welche nächsten Schritte ich setzen sollte.

Der Amtsarzt, der den Tod bestätigte, die Abholung im Aluminium-Sarg der Bestattung, weitere Formalitäten. Während all diese Notwendigkeiten an mir vorüberzogen, dachte ich über Leben und Tod meiner Mutter nach: Sie hatte einen Tumor in der Lunge gehabt und litt unter Niereninsuffizienz, beides wussten wir schon seit einiger Zeit. Aber gestorben war sie, da war ich sicher, weil sie nicht mehr essen und trinken wollte. Sie hatte es darauf angelegt, den Zeitpunkt selbst bestimmt. Ich glaube, in ihrem letzten Moment hatte sie sich aus dem Liegen auf der Bettkante aufgesetzt und war einfach umgefallen. Angestrengt sah sie nicht aus. Im Gegensatz zu meinem Vater war sie schon kalt und steif, als ich sie fand.

Mein Bruder Peter kam noch in der Nacht aus Mallorca, um mir beizustehen, aber auch vor seiner Ankunft blieb ich nicht lange allein in der Wohnung: Meine liebe Freundin Dunja, die über meinen geplanten Besuch bei meiner Mutter Bescheid wusste, rief mich an, um sich zu erkundigen, ob alles in Ordnung war. Als ich ihr mitteilte, dass ich meine Mutter tot gefunden hatte, bestand sie darauf, sofort vorbeizukommen.

„Das ist nicht nötig."

„Doch, ich komme, Adele."

„Na gut, dann nimm mir bitte zwei Dosen Bier mit."

Das tat sie dann auch, und ihre Gesellschaft half mir, die Ruhe zu bewahren und die vielen Stunden des Wartens, bis alle Formalitäten erledigt waren, mit einigermaßen klarem Kopf zu überstehen. Als die Bestatter die Wohnung betraten, die meine Mutter abholen sollten, sagte einer der beiden zu mir: „Wir haben schon einmal miteinander gedreht." Ich konnte es kaum fassen, aber er war wirklich bei einer „Tatort"-Folge als Statist dabei gewesen. Irgendwie gefiel mir das: Dass der traurige „Abtransport" damit einen Hauch weniger unpersönlich ablief, dass es zumindest kein wildfremder, anonymer Mensch war, der meine geliebte tote Mutter die Treppe hinuntertrug. Es waren solche kleinen Momente der Menschlichkeit, an denen ich mich festhielt und aus denen ich die Kraft schöpfte, die nötig war, jene fünf Stunden durchzustehen, die ich nach dem Tod meiner Mutter in ihrer Wohnung zubrachte.

Noch etwas anderes erleichterte mir den Umgang mit der Situation: Mir fielen auf einmal so viele schöne Geschichten mit meiner Mutter ein. Während ich all die guten und glücklichen Momente Revue passieren ließ, wurde mir auf einen Schlag klar, dass ich ihr innerlich oft Unrecht getan hatte. Irgendwie hatte ich immer das Gefühl gehabt, meine Mutter sei in ihren späten Jahren ein wenig faul und undiszipliniert gewesen, wie ein renitentes Mädchen, das sich nichts raten lässt. Aber an diesem Abend wurde mir klar, dass ich dieses Bild revidieren musste: Sie war am Ende sehr mutig und tapfer gewesen, hatte beschlossen, uns Kinder mit ihrer Krankheit so wenig wie möglich zu belasten, wollte zuhause sterben und setzte diesen Wunsch selbstbestimmt in die Tat um. Ich erinnerte mich, was sie bei einem unserer letzten Gespräche gesagt hatte: „Die Natur hat das schon gut eingerichtet, dass man irgendwann froh ist, wenn's vorbei ist." Sie hatte diesen Satz ganz einfach ausgesprochen. Ohne jede Bitterkeit.

Als ich mich in diesem Moment daran erinnerte, mischte sich eine große Portion Anerkennung in die Trauer über den Tod meiner Mutter.

Genau einen Monat später starb mein Bruder Alexander, und irgendwie hatte ich das Gefühl, dass unsere Mutter in diesem Moment bei ihm war. Auch einen Tag, bevor ich zur Bestattung meines Vaters nach Griechenland aufgebrochen bin, ist plötzlich und scheinbar ohne Grund ein Bild von der Wand gefallen, das meinem Vater immer sehr viel bedeutet hatte. Man muss keine Geistergeschichten bemühen, es genügt, den Geheimrat Goethe zu zitieren: „Es gibt mehr Dinge zwischen Himmel und Erde, als unsere Schulweisheit sich träumen lässt." Deshalb lasse ich mir nicht ausreden, dass ich die Anwesenheit meiner Mutter in Alexanders Krankenzimmer deutlich spüren konnte.

Ich bin froh darüber, dass Alexander in den letzten Tagen vor seinem Tod nicht mehr aus dem künstlichen Tiefschlaf erwachte, in den die Ärzte ihn versetzt hatten, als sein Zustand sich rapide verschlechterte. Dabei hatte es wirklich gut ausgesehen. Ein paar Wochen nach meiner Spende gab es einen Moment, in dem die Ärzte meinten, wenn Alexander jetzt noch wieder selbstständig essen und trinken würde, dann könnte er sogar entlassen werden.

Wenige Tage später musste er wie ein Verbrennungsopfer behandelt werden, weil seine Haut sich großflächig abzulösen begann. Als ich die Nachricht vom Tod Alexanders bekam, war mein erster Gedanke: Jetzt hast du mit der

Spende deinen Bruder umgebracht. Das ist Unsinn, das war mir schon im Moment des Gedankens klar, trotzdem: Dass wir diesen Kampf, in den ich so involviert war, letztlich so rasch verloren hatten, passte einfach nicht in mein Bild.

Aber: Selbst in so dunklen Zeiten ist nicht alles Schatten. Die grandiose Nachricht, dass eine seiner Töchter mit Zwillingen schwanger war, erreichte Alexander noch vor seinem Tod. Vielleicht half ihm das ein wenig, loszulassen. Wer weiß. Ich hoffe es.

Für Romy, den Kater meiner Mutter, der jetzt ja herrenlos war, fand ich übrigens einen Platz bei einem sehr netten alten, hinkenden Herrn mit Glasauge und einem großen Haus mit Garten. Dort räkelt er sich jetzt auf fremden Teppichen und kann in seinen letzten Jahren die große, weite Welt erkunden. Insofern glückte mir bei ihm, was ich bei meiner Mutter nicht mehr geschafft hatte. Ich hatte immer wieder mit dem Gedanken gespielt, ein Haus zu kaufen, mit ihr zusammenzuziehen – aber letztlich habe ich den richtigen Zeitpunkt dafür versäumt.

Der Tod meiner Eltern und meines Bruders haften mir immer noch zu frisch im Gedächtnis, als dass ich schon wirkliche Distanz dazu hätte oder behaupten könnte, zu wissen, was dieser Verlust für mein weiteres Leben bedeutet. Nach dem Tod meines Vaters hatte ich den Gedanken: Jetzt bist du also wirklich erwachsen, Adele.

Der Tod des eigenen Bruders gehört jedoch definitiv nicht zum Erwachsenwerden dazu. Manchmal überwältigt mich der Gedanke, wie viele schlechte Menschen es auf der Welt gibt, die anderen Leid zufügen. Und dann frage ich mich, warum ausgerechnet mein Bruder Alexander so früh gehen musste, der ein guter, fröhlicher und sein ganzes Umfeld inspirierender Mensch war, mit einem so lauten Lachen ausgestattet, dass ich mich – wie dumm von mir! – manchmal dafür genierte. Könnten wir ihn doch alle noch einmal lachen hören!

In jedem Fall weiß ich, dass ich in nächster Zeit gerne niemand anderen mehr gehen sehen möchte, der mir nahe steht. Das würde bedeuten, dass ich selbst die Nächste bin. Macht mir das Angst? Eigentlich nicht. Der Kern der Erfahrungen, die ich mit dem Tod gemacht habe, ist, dass der Tod selbst nichts Furchtbares ist. Der Weg dorthin kann mühsam und leidvoll sein, aber der Tod als solcher ist nicht zu fürchten.

Die unerwartet geäußerte Frage meiner Mutter nehme ich sehr ernst: „Und, Adele, wo ist jetzt *dein* Glück?" Ich bin ihr dankbar für diesen Satz.

Nicht, weil ich etwa unglücklich wäre. Sondern weil ich gerade jetzt, nach diesen Verlusten, das Gefühl habe, dass da noch so viel kommen kann, so vieles noch ungelebt ist und von mir gelebt werden will. Bis jetzt hat die Schauspielerei mein Leben ausgefüllt, und das hat sowohl mir selbst gut getan als auch – hoffentlich – anderen Menschen Freude bereitet und vielleicht etwas gegeben. Aber muss das alles gewesen sein?

Die letzte Staffel der Serie „Vier Frauen und ein Todesfall" wurde im Herbst 2016 abgedreht, es bleibt also Zeit für Neuanfänge, neues Leben welcher Schattierung auch immer. Ich möchte die Zeit, die noch vor mir liegt, nutzen – nicht im Sinne von: Du musst jeden Tag glücklich sein und etwas

18. Mai 2000

*Ich bin endlich alt genug, um jung
zu bleiben, sein !!*

Tagebucheintrag

Herausragendes erleben. Das halte ich für Unsinn. Aber eine Frage behält immer ihre Berechtigung: Gibt es da nicht noch etwas Neues, Ungelebtes?

Es ist diese dem Leben zugewandte Haltung, die ich auch von meinem Bruder Alexander in den Wochen vor seinem Tod vermittelt bekam und die mich durch die schwierige und traurige vergangene Zeit getragen und gestärkt hat.

Ich hoffe, ich werde sie mir bewahren.

Das erste Mal mit meinem vier Monate alten Sohn Julian
in meiner zweiten Heimat Amorgos

KINDER HAFTEN NICHT FÜR IHRE ELTERN

Den Wunsch nach einer eigenen glücklichen Familie hat mir mein Vater weitergegeben – und ich bin daran letztlich genauso gescheitert wie er und meine Mutter.

Dabei hatte ich immer Angst vor diesem „Wiederholungszwang": Die Fehler der Eltern selbst noch einmal zu machen, erlebte Verwundungen in die eigene Partnerschaft miteinzubringen und im schlimmsten Fall an die eigenen Kinder weiterzugeben – das wollte ich unbedingt vermeiden.

Der erste Mann in meinem Leben war Dieter, ein liebevoller und poetischer junger, natürlich gut aussehender Mann, den ich kennenlernte, als wir beide noch die Schule besuchten. Die Zeit mit Dieter war für mich der Übergang zum Erwachsenwerden, zur Freiheit. Wir lernten einander in einem Caféhaus in der Erdbergstraße kennen, wo alle Schulschwänzer hingingen, sowohl die aus meiner Höheren Lehranstalt als auch die aus dem Gymnasium, das Dieter besuchte. Er war – abgesehen von meiner Großmutter – der Erste, der mich in meiner Begeisterung für die

Schauspielerei unterstützte, und durch ihn fasste ich auch den Mut, mit sechzehn von zu Hause auszuziehen. Bis heute haben wir ein freundschaftliches Verhältnis zueinander, und das, obwohl ich Dieter später für William sitzen ließ, den ich auf der Schauspielschule Krauss kennenlernte. Ich verließ Dieter und zog aus unserer gemeinsamen Wohnung direkt in Williams Wohnung um. William war so wunderschön und begehrt, dass ich es anfangs gar nicht fassen konnte, dass er sich ernsthaft für mich interessierte. Wir hatten eine gute Zeit, aber als ich von meiner ersten Schauspieltournee in München zurückkam, schien er sich tatsächlich mehr für die Frau zu interessieren, die mittlerweile in unserem Bett lag. Also packte ich meine Koffer und zog aus.

Die Beziehungen mit Dieter und William waren aufrichtig gewesen, gleichzeitig waren wir aber noch sehr jung, die Gründung einer Familie stand damals noch nicht wirklich auf dem Programm. Das änderte sich spätestens dann, als ein anderer Kollege von der Schauspielschule Krauss, Zoltan Paul Pajzs, mir einen überraschenden Heiratsantrag machte.

Es hatte recht lange gedauert, bis Zoltan in mir mehr als nur eine Kollegin sah, nachdem wir beide in Münster ins feste Engagement gegangen waren. Aber wir standen oft gemeinsam auf der Bühne und spielten auch viel miteinander – auf der Bühne wie im wirklichen Leben. Irgendwann sprang ganz einfach der Funke über, und wir verliebten uns sehr heftig ineinander.

„Eigentlich könnten wir auch heiraten", meinte Zoltan eines Tages aus heiterem Himmel. Ich war einundzwanzig

Jahre alt und hätte nicht gedacht, einen solchen Antrag überhaupt ernsthaft in Betracht zu ziehen. Wir waren noch nicht sehr lange ein Paar, es war auch kein Kind unterwegs – im Prinzip gab es gar keinen Grund zur Hektik. Trotzdem, oder vielleicht gerade deswegen, war ich von Zoltans salopp vorgebrachtem Antrag total überwältigt. Brühwarm erzählte ich meinen Eltern, dass ich bald heiraten würde. Beide erklärten mich unabhängig voneinander für verrückt und warnten mich vor einer übereilten Entscheidung. Aber da meine Mutter selbst erst sechzehn Jahre alt war, als bei den beiden die Hochzeitsglocken läuteten, hatten sie mit ihrer Predigt schlechte Karten.

Zoltans Eltern hatte ich zuvor bereits kennengelernt, sie waren Ungarn-Flüchtlinge, die 1956 nach Österreich gekommen waren. Ihren dreijährigen Sohn hatten sie damals in der alten Heimat bei ihren Nachbarn zurückgelassen, erst als 12-Jähriger konnte Zoltan nach Österreich nachkommen. Ich fragte mich, wie seine Eltern wohl auf unseren spontan gefassten Entschluss reagiert hatten. Vielleicht würden sie versuchen, es ihm auszureden? Als wir einander das nächste Mal sahen – er war zu dieser Zeit schon in Krefeld engagiert, ich immer noch in Münster –, fragte ich ihn, was seine Eltern gesagt hatten.

„Wozu gesagt haben?", antwortete Zoltan.

Da lag anscheinend ein Missverständnis vor. Und zwar seinerseits. Ich drückte ihm den Telefonhörer in die Hand.

„Du rufst jetzt auf der Stelle deine Mutter an und sagst ihr, dass wir heiraten!", forderte ich. Er wollte nicht, es ging ihm wohl doch zu schnell, aber natürlich wusste er, dass er sich jetzt zusammenreißen musste – den Antrag hatte er ja ernst gemeint.

Seine Mutter reagierte genauso wie meine, sie erklärte ihn für verrückt und bat ihn, sich das Ganze doch noch einmal in Ruhe zu überlegen. Zoltan beruhigte sie und versicherte ihr, die Entscheidung sei wohlüberlegt.

„So", sagte ich, nachdem er das Telefonat beendet hatte, „und jetzt will ich dich nicht mehr heiraten."

Das schien mir eine angemessene Strafe für seine Blödheit zu sein. Nachdem mein Ärger verraucht war, haben wir am Ende dann natürlich doch geheiratet: im Standesamt Krefeld Mitte – wie romantisch. Unsere Eltern waren nicht eingeladen, wir wollten sozusagen klassisch revolutionär nur mit ein paar Freunden und Schauspielkollegen feiern. Als Hochzeitskleid nähte ich mir selbst ein Kostüm aus schwarzem Stoff, Zoltan lieh sich einen Frack aus. Die Hochzeitsfeier stieg in einem griechischen Lokal, das wir öfter besuchten, wobei wir alle Hochzeitsgäste baten, ihre Rechnung selbst zu begleichen, weil wir uns eine Feier auf unsere Kosten nicht hätten leisten können.

Es wurde trotzdem ein sehr schönes Fest, das wir mit einem harten Kern danach noch in Zoltans Wohnung bis in die Morgenstunden fortsetzten. Was dazu führte, dass sein Vermieter ihm am nächsten Tag mitteilte, er hätte so schnell wie möglich auszuziehen. Zoltans Argument, dass wir gestern Hochzeit gefeiert hatten sowie unsere Entschuldigung für die Lärmbelästigung beeindruckten den Vermieter nicht.

Unsere Hochzeitsreise unternahmen wir ein paar Monate später in die USA mit dem Geld, das wir beide unabhängig voneinander gespart hatten, um dort eines Tages die Actors School in New York zu besuchen. Aus irgendeinem Grund

Zoltan und ich, 1981. Wir waren sehr verliebt.

FAHRENDES VOLK fiel im Standesamt Mitte ein, um einen besonderen Auftritt zu vollziehen: Zoltan Paul, in Budapest gebürtiger Schauspieler der Vereinigten Bühnen mit österreichischem Paß, heiratete seine in Münster engagierte Kollegin Adele Neuhausen, in Athen geboren, mit österreichischem Paß. Das erste Küßchen nach der Zeremonie im Kreise der Kollegen hielt unser Fotograf Rudolf Brass fest.

Der Beginn einer turbulenten Ehe, 21. September 1981, in Krefeld

waren wir davon ausgegangen, ungefähr ein Jahr lang von der Summe leben zu können. Stattdessen reichte das Geld gerade einmal für sechs Wochen Urlaub.

Eine klassische Hochzeitsreise war das Ganze insofern nicht, als sich uns ein sehr guter Freund und Schauspielkollege angeschlossen hatte, den wir auf unseren Roadtrip durch Amerika mitnahmen. Ich glaube, wenn er vorher gewusst hätte, wie sich die Reise entwickeln würde, wäre er wahrscheinlich lieber zuhause geblieben. Schon auf dem Flug nach New York überkam mich ein seltsames Gefühl. Wie ich nun einmal so bin, beschloss ich, damit nicht lange hinter dem Busch zu halten und Zoltan noch im Flugzeug mit meinen Zweifeln zu konfrontieren: „Ich habe den Eindruck, dass du dich nicht wirklich für mich entschieden hast", sagte ich. „Ich will nicht mehr mit dir zusammen sein."

Das war der großartige Beginn einer Ehe, die immerhin fünfundzwanzig Jahre halten sollte. Auf den 14.000 Kilometern, die wir in den folgenden Wochen kreuz und quer per Auto durch die Vereinigten Staaten zurücklegten, saß unser Kollege auf der Rückbank, trank Whiskey aus der Kühlbox und musste sich wie ein armes Kind, dessen Eltern pausenlos streiten, Zoltans und mein Gezeter anhören.

Das Auto hatten wir übrigens nicht gemietet, sondern kurzerhand gekauft. Man hatte uns den Tipp gegeben, dass es in Knoxville, Tennessee, unheimlich günstige Autos zu kaufen gäbe, also mussten wir einfach zuschlagen. New York City war uns ohnehin etwas zu groß und beängstigend erschienen: Als wir nach unserer Ankunft mit dem Taxi vom Flughafen in die Stadt fuhren, steckten wir die Köpfe aus dem Autofenster, um uns die überwältigende Stadt anzusehen. „Don't do that! Never do that!", sagte unser Fahrer und

Erinnerung an unsere Hochzeitsreise quer durch Amerika,
das Kennzeichen unseres verrosteten, weißen Buicks

erzählte uns entsetzliche Crime Stories von abgehackten Köpfen und massakrierten Touristen. „Take care!", sagte er dann noch zum Abschied, alle in New York verabschiedeten uns mit „Take care!" Und mit unseren begrenzten Englischkenntnissen erschien uns dieser ganz gewöhnliche Gruß wie eine gefährliche Drohung.

Wir setzten uns also so schnell wie möglich in einen Greyhound-Bus nach Knoxville und kauften uns dort zu dritt für insgesamt 600 Dollar einen wunderbar aussehenden Buick. Natürlich war das Auto nicht mehr ganz neu. Die Macken unseres Gefährts bestimmten den Rhythmus unserer Reise: Nicht nur funktionierte die Air-Condition nicht, der Buick war außerdem süchtig nach Unmengen von Öl und begann immer wieder einmal vor Hitze zu kochen, sodass wir den Highway verlassen und ihm eine Pause gönnen mussten.

In New Orleans hatte ich Zoltan dann endlich so weit, dass er mir gestand, immer noch in seine Ex-Freundin verliebt zu sein: Jene Frau, deretwegen er mich damals in Münster nicht bei sich auf der Couch hatte übernachten lassen wollen. Sie hatte sich von ihm getrennt, nicht er sich von ihr, und Zoltan trauerte dieser Liebe noch immer heimlich nach.

Sein Geständnis stürzte mich aber nicht in Verzweiflung, ganz im Gegenteil. Kaum hatte er es gebeichtet, schon fiel mir ein Stein vom Herzen. Jetzt wusste ich, dass mein Gespür mich nicht getrügt hatte. Angesichts der Umstände war klar, dass Zoltan seine Ex nicht mehr zurückbekommen würde, sie hatte mit ihm abgeschlossen und war weitergezogen. Ich konnte mit seiner Trauer um diese Liebe leben, nur wissen musste ich es. Irgendwie wurde die Hochzeitsreise ab diesem Zeitpunkt dann doch noch ziemlich vergnüglich. Auch für unseren mitreisenden Freund. Zoltan und ich waren verliebt ineinander und hatten viel Spaß zusammen.

Aus diesem ersten großen Konflikt entwickelte sich auch jene Streitkultur, die unsere Ehe einerseits jahrzehntelang tragen, am Ende andererseits aber auch zerstören sollte: Ich hatte Zoltan bei einer Schwindelei erwischt, dafür hatte ich ihm meine Unsicherheit offenbaren müssen. So waren wir also quitt. Dieses Prinzip funktionierte auch in den folgenden Jahren recht gut, und eigentlich sind Hochzeitsreisen doch genau dafür da: Einen Modus des Zusammenlebens zu finden, der für beide funktioniert sowie letzte Unsicherheiten auszuräumen.

Als wir am Ende unserer Reise wieder in New York einritten und Downtown an einer roten Ampel hielten, gab der Buick dann endgültig seinen Geist auf. Auf der Gegenspur kam uns ein Abschleppwagen entgegen. Wir winkten das Auto heran, montierten das Kennzeichen unseres Wagens ab und entsorgten den fahrbaren Untersatz, der uns 14.000 Kilometer weit durch die USA getragen hatte, auf erstaunlich unbürokratische Weise.

Ich habe Zoltan lange Zeit sehr geliebt. Schon in der Schauspielschule war er ein provokanter, temperamentvoller Typ, der sich mit vielen anlegte. Sein Mut imponierte mir immer, auch wenn ich die Konflikte, die daraus erwuchsen, nicht besonders genoss. Streit an sich ist keine schlechte Sache: Er bildet und schärft, stärkt dich in dem, was du vertrittst, stellt deine Weltanschauung auf die Probe und entwickelt so deine Persönlichkeit weiter.

Aber emotionale Konflikte, Verletzungen, die sich nicht mehr rückgängig machen lassen, sind zerstörerisch. Da wir beide ein aufbrausendes Temperament besaßen und Zoltan auch mir gegenüber in unserer Ehe oft provokant agierte, mich herausforderte und aus der Reserve lockte, wo er nur konnte, erreichten wir manchmal dieses ungesunde emotionale Terrain.

Es gibt eine Sache, die ich überhaupt nicht ausstehen kann, und das ist, in die Irre geführt zu werden. Da bin ich dann schnell sehr verletzt und fühle mich in die Enge getrieben. Ich hatte immer den Komplex, nie das Abitur gemacht zu haben, nie an einer Universität studiert zu haben und deshalb nicht gebildet genug zu sein, um mich argumentativ durchsetzen zu können. Zoltan kannte diesen Schwachpunkt sehr gut, und genau dort setzte er an, wenn er mich wirklich treffen wollte. Als Reaktion darauf wurde ich dann manchmal laut und ausfallend, weil ich mir nicht mehr anders zu helfen wusste. Damit stieg ich genau auf die Provokation ein, mit der Zoltan mich in diesen Situationen ködern wollte. Ich hatte einfach immer Angst, nicht begabt genug, intelligent genug, attraktiv genug zu sein. Beim Schauspielen konnte ich mich an der Figur festhalten, die ich verkörperte. Aber im Leben, in meiner Ehe musste ich ja ich selbst sein, und da war ich eben oft nicht mit mir im Reinen.

Als Zoltan und ich uns in Polling unseren ersten gemeinsamen Hund zulegten, den Berner Sennenhund Phillip, scherzten manche im Dorf: Aha, jetzt üben sie für ein Kind. Und sie hatten ganz recht damit. In der Nacht, in der wir Julian zeugten – denn wir waren uns in dieser Nacht absolut sicher, dass wir gerade dabei waren, ein Kind zu machen –, wollte Phillip dauernd in unser Zimmer, als ob er bei dem großen Moment unbedingt mit dabei sein müsste.

Nachdem wir uns aus der Schauspielgruppe um Professor David Esrig gelöst hatten, war ich dann so richtig mit Nestbau beschäftigt und bereitete mich intensiv auf die Geburt unseres Kindes vor. Ausgerechnet damals, es war das Jahr 1986, wurden die Berichte über den Reaktorunfall in Tschernobyl publik, und ich stellte geschockt fest, dass ich in den Wochen vor Bekanntwerden der Katastrophe im Hinblick auf die radioaktive Gefahr alles falsch gemacht hatte, was man nur falsch machen konnte: Ich war barfuß durch die Wiese gelaufen, hatte in stehendes Gewässer gegriffen und Beeren aus dem Wald gesammelt und gegessen. Na klar, Zoltan und ich waren ja deshalb nach Oberbayern gezogen, weil uns das Landleben und die Natur angezogen hatten, und ich genoss das Draußensein in vollen Zügen.

Ich machte mir zunehmend größere Sorgen, und als ich auch noch durch Zufall ein Magazin in die Hand bekam, auf dem ein Schaf mit zwei Köpfen abgebildet war, war es um meine Gemütsruhe endgültig geschehen. Ich hatte große Angst, dass ich womöglich ein missgebildetes Kind zur Welt bringen würde.

Zum Glück hatten wir in Polling eine Nachbarin, die ich quasi an Mutters statt angenommen hatte und der ich all meine Sorgen und düsteren Gedanken beichtete. Sie hörte sich mein aufgeregtes Gestammel an und sagte dann ganz ruhig: „So, Adele, und jetzt hörst du mit dem ganzen Unfug auf und kümmerst dich nur um dich und dein Kind und darum, dass du sowieso alles gut und richtig machst." Dieser geerdete, unaufgeregte Zugang war Balsam auf meiner

Seele, genau so einen Ratschlag hatte ich in diesem Moment gebraucht.

Es geschah so, wie meine Nachbarin es vorausgesagt hatte: Im Kreiskrankenhaus Weilheim ging am 13. März 1987 unser Sohn Julian Adam Pajzs durch mich hindurch in die Welt, kerngesund, ganz wie es sein soll. Ich lag in einem Vier-Bett-Zimmer, das bereits voll besetzt gewesen war und in das man für mich noch ein zusätzliches Bett geschoben hatte. Die vier anderen Mütter waren durchgehend damit beschäftigt, einander schnatternd irgendwelche Tratschgeschichten zu erzählen, während sie ohne besondere Aufmerksamkeit ihre Säuglinge stillten. Und ich sah unseren kleinen Julian an und dachte: Bemerkt ihr denn nicht, was für ein Glück und für ein Wunder diese Babys sind! Vor lauter Freude über unseren Nachwuchs feierte Zoltan mit unseren Freunden mehrere Tage die Ankunft seines Sohnes. Natürlich besuchte er uns im Krankenhaus, und nach ein paar Tagen durften wir dann endlich nach Hause.

Ich war gerade dabei, Julian zu stillen, um ihn dann für seine erste Nacht in seinem eigens für ihn vorbereiteten Zimmer ins Bettchen zu legen, da hörte ich Zoltan auf Zehenspitzen ins Haus schleichen. Er flüsterte mir zu: „Ich hol nur schnell meinen Pass, fahr ein paar Tage nach Italien, ich ruf dich an." Und weg war er. Ich konnte nicht einmal schreien, weil ich Julian am Arm hatte. Zoltan freute sich sehr, Papa geworden zu sein, aber in diesem Moment musste er wohl noch einmal das Gefühl völliger Freiheit und Ungebundenheit auskosten.

Finanziell waren wir damals nicht besonders gut aufgestellt, Zoltan hatte nach Julians Geburt alle Hände voll zu tun, um genug Aufträge zu bekommen, damit wir uns wenigstens das Notwendigste leisten konnten. Er war dabei sehr erfinderisch und schaffte es immer wieder, im letzten Moment irgendetwas an Land zu ziehen, was uns wieder ein bisschen Luft verschaffte. Einmal gelang es ihm zum Beispiel, das Grundstück eines Freundes für diesen so gewinnbringend weiterzuverkaufen, dass wir von seinem Honorar dafür wieder ein paar Monate unsere Rechnungen bezahlen konnten.

Ich ging inzwischen ganz in meiner Mutterrolle auf, und wenn sich nicht doch irgendwann herausgestellt hätte, dass wir ein zweites Einkommen auf Dauer dringend benötigten, wäre ich womöglich wirklich eine ganz schöne Glucke geworden und länger nicht mehr in meinen Beruf zurückgekehrt.

Als Julian etwa drei Jahre alt war, stieg ich nach und nach wieder in die Schauspielerei ein, und mit der Zeit war hauptsächlich ich diejenige, die das Geld nach Hause brachte. Zoltan arbeitete an seinen Projekten und kümmerte sich entsprechend mehr um Julian, wobei wir erziehungstechnisch immer eine ganz klare Rollenverteilung hatten: Ich brachte es kaum übers Herz, Julian einen Wunsch nicht zu erfüllen oder ihm wirklich böse zu sein, sodass Zoltan für das Setzen von Grenzen und die erzieherischen Maßnahmen zuständig war. Wir spielten also die klassische „Good Cop, Bad Cop"-Verteilung, wie man sie auch im „Tatort" und anderen Krimis immer wieder beobachten kann.

Julian hatte eine fantastische Kindheit. Sein erstes Wort war „Nein". Wir nannten ihn liebevoll „Knödelmann" oder

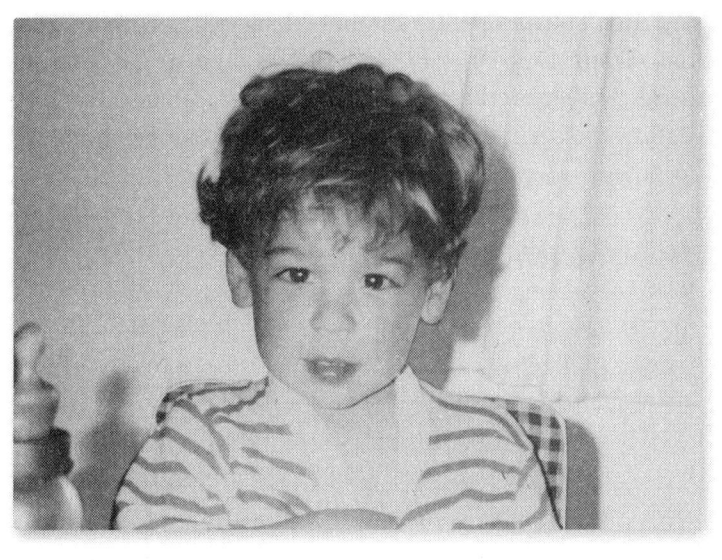

Julian mit drei Jahren

„Kleiner Buddha", weil er in seinen ersten Lebensjahren so überaus gut genährt und gesund aussah und ständig lächelte. Später wurde die Umgebung unseres Hauses für ihn zum Abenteuerspielplatz: Wir wohnten direkt neben dem kleinen Wald in der Nähe des Flusses Ammer. Unser Haus war immer offen, sowohl für unsere Freunde als auch, in späteren Jahren, für die Freunde Julians. Wir kochten also meistens für fünf oder sechs Leute, und in der Scheune in unserem Garten richtete Julian sich ein eigenes Revier ein, das er mit einem selbstgemalten Schild begrenzte: „Kinder haften nicht für ihre Eltern."

Zoltan und ich haben umgekehrt auch immer gerne für ihn gehaftet, Julian hat uns das auch nicht sehr schwer gemacht. Klar, es gab die üblichen pubertären Episoden: Eine eskalierende Party mit Vierzehnjährigen, die in unserer Abwesenheit Julians Zimmer mit schwarzer Acrylfarbe grafittimäßig ausmalten. Das war nicht so besonders lustig, aber solche Ausrutscher passierten selten. Julian war ganz einfach bei allem Teil unseres Lebens, und ich glaube, das hat ihm eine ungezwungene und fröhliche Kindheit und Jugend ermöglicht.

Als wir unseren Film „Gone" drehten, mussten wir eine der Szenen nachts in seinem Kinderzimmer drehen, während er schlief. Es war eine Kamerafahrt und wir bemühten uns, leise zu sein. Der Dreh dauerte die halbe Nacht und während Zoltan, ich und das Team uns am nächsten Morgen ausschliefen, musste Julian aufstehen, um in die Schule zu gehen. Wir hatten ihm einen Zettel hinterlassen: „Achtung: In der Küche nichts verändern". Wir drehten in unserem gesamten Haus, und in der Küche musste alles so bleiben, wie es war, damit wir am nächsten Tag weiterdrehen konnten. Julian

Mit neun Jahren malte Julian dieses Schild.
Er bewies schon früh einen guten Sinn für Humor.

beließ also alles an seinem Platz, machte sich nur sein Müsli und fuhr dann mit dem Fahrrad in die Schule. Als er am Nachmittag heimkam, half er uns, die Straße für die nächste Szene abzusperren.

Solche Aufgaben gehörten für Julian zum täglichen Ablauf. Ich denke, das war auch der Grund, warum er mit der Trennung seiner Eltern so gefasst umgehen konnte: Er war es gewöhnt, dass immer wieder einer von uns beiden unterwegs war und wir kein klassisch-bürgerliches Kleinfamilienleben führten, deshalb änderte sich für ihn in seinem Alltag nichts Grundsätzliches.

Als ich wieder zu arbeiten begann, veränderte sich etwas zwischen Zoltan und mir. Ich habe mich immer für eine emanzipierte Frau gehalten, muss aber zugeben, dass mein Mann für mich an Anziehung verlor, als ich auf einmal die Hauptverdienerin in der Familie war. Er kam zu meinen Theaterpremieren und zog danach regelmäßig über die aus seiner Sicht zu konventionellen und langweiligen Inszenierungen her. Irgendwie hatte ich das Gefühl, dass er mich zwar meine Arbeit machen ließ, aber sie mir auch missgönnte und mich dann dafür oft zu hart kritisierte. Das wurde mir bald zu viel.

Wir waren bis dahin in unserer Ehe keine Heiligen gewesen und hatten beide über die Jahre die eine oder andere Liebschaft erlebt, einander diese Episoden aber nie gebeichtet. Erst nach unserer späteren ersten Trennung machten wir auch diesbezüglich reinen Tisch, um noch einmal neu beginnen zu können. Ich verliebte mich immer schon schnell und heftig in Männer, deren Talente und Fähigkeiten mich beeindruckten, und diese intensiven Schwärmereien blieben auch während unserer glücklichen Ehejahre nicht aus. In gewisser Weise verliebte ich mich mehr in das Können und die vermeintliche oder tatsächliche Genialität der Männer als in die Männer selbst. Dann war ich eine Zeit lang ganz erfüllt von dieser neuen Leidenschaft und saß wie eine Katze unglücklich maunzend zu Hause vor dem Fenster, weil ich meinen Instinkten folgen wollte.

Trotzdem war für mich auch während solcher Episoden immer klar gewesen, dass Zoltan mein Mann war. Ich liebte ihn, und ich hatte nie in Betracht gezogen, ihn für eine dieser Affären aufzugeben.

Während unseres beruflichen und familiären Rollenwechsels verlor ich diese emotionale Sicherheit nach und nach. Unsere Streitereien, die immer Teil unserer Beziehung gewesen waren und die wir irgendwie zu nehmen wussten, wurden verletzender, bedrückender für mich – und sicher auch für Zoltan. Ich hatte das Gefühl, dass er mich auf ein bestimmtes Bild festlegen wollte, das er von mir hatte und von dem er mir weder eine Abweichung erlauben wollte noch überhaupt zutraute.

„Ich kenn dich doch", sagte er immer öfter, wenn er meine Pläne und Absichten in Frage stellte.

„Was heißt das, du kennst mich?", antwortete ich, zunehmend verständnislos darüber, dass mein Mann mir keine Chance geben wollte, mich weiterzuentwickeln, weiterzugehen, am Leben zu wachsen.

Es dauerte dann trotzdem noch ein paar Jahre, bis ich einen Schlussstrich zog – zumindest dachte ich zum damaligen Zeitpunkt, es wäre ein Schlussstrich. Ich ging 1998 ins feste Engagement nach Regensburg, nahm mir dort eine

Ich hab heute morgen meine Familie verlassen.
Gestern Abend haben wir unseren Abschied "gefeiert". Julian war bei Peter, als er zurückkam haben wir... ihm gesagt ich sagte ihm, dass dieser Abend unser letzter gemeinsamer Abend für längere Zeit sein wird, dass ich wegziehe, versuche mir eine Wohnung in Regensburg suchen und Zoltan und ich uns trennen. Er nahm das in einer so verständnisvollen und lockeren Art auf, dass es schon fast gespenstisch war – "Ich hab's eh schon gewusst. Du wolltest ja schon die ganze Zeit mit mir reden, ich versteh schon, ihr könnt nicht mehr zusammen, ich komm Dich dann besuchen und ich werd Dir schreiben."

Tagebucheintrag

Wohnung, mit dem Plan, Julian nachzuholen, sobald es mir finanziell und organisatorisch möglich wäre, und trennte mich von Zoltan.

Genau ein Jahr später hatten Zoltan und ich eine Aussprache, an deren Ende wir uns in die Augen sahen und beide wussten: Wir sind noch nicht fertig miteinander. Wir versöhnten uns, kamen wieder zusammen und lebten danach immerhin noch sieben Jahre als Familie zusammen – länger, als so manche Ehe insgesamt hält.

In diese Zeit der Versöhnung und des Neubeginns fiel auch unser Wunsch, noch ein zweites Kind zu bekommen. Ich hatte immer davon geträumt, eine große, kinderreiche Familie zu haben: Ein langer Tisch, voll besetzt mit Kindern, die man vor dem Essen erst einmal zur Ruhe rufen muss, damit der Lärmpegel sinkt. Das war so ein Bild, das ich immer heimlich mit mir herumtrug. Und wahrscheinlich – Wiederholungszwang! – war ich auch durch die Geschichte meiner eigenen Zeugung beeinflusst: Ich selbst war ja das Ergebnis einer Versöhnung meiner Eltern gewesen, so schien mir die Versöhnung mit meinem Ehemann der ideale Anlass, um ein zweites Kind zu bekommen.

Ich wurde zwar schwanger, verlor das Kind aber früh. Es fiel mir schwer, darüber hinwegzukommen, irgendwie war damit ein Traum geplatzt. Wir hätten es noch einmal versuchen können, aber ich war nicht mehr die Jüngste, immerhin 39 Jahre alt. Außerdem war ich wieder so im Berufsalltag verwurzelt, und zusätzlich gab es auch noch die ökonomische Vernunft, die Zoltan und mich in unregelmäßigen Abständen überfiel: Wir hatten es schon nicht leicht, zu dritt über die Runden zu kommen. Zu viert und ohne mein zusätzliches Einkommen wäre es nicht gerade einfacher geworden.

Das Kapitel „kinderreiche Großfamilie" war damit abgeschlossen. Ich ging weiter meinem Beruf nach, in dem ich viel Erfüllung fand, aber irgendwann war es so weit, dass es zwischen Zoltan und mir wirklich nicht mehr funktionierte. Nach einer unserer nächtelangen, alkoholreichen Diskussionen, von denen es zu dieser Zeit viele gab, beschloss ich, dass es diesmal wirklich an der Zeit war weiterzuziehen. Ich ließ Zoltan auf einer Papierserviette unterzeichnen, dass er mir das Auto überschrieb, nahm die Schlüssel und machte mich auf den Weg in meine alte Heimat: nach Wien. Mein Engagement in Regensburg hatte ich zu diesem Zeitpunkt bereits gekündigt, denn auch künstlerisch war es für mich höchste Zeit, mich zu verändern und etwas Neues auszuprobieren.

Unseren alten roten Mercedes gab ich Zoltan ein Jahr später wieder zurück, weil er ihn am Land wesentlich dringender brauchte als ich.

Julian war zur Zeit unserer Trennung gerade im Abiturjahr. Als ich ein paar Monate später erfuhr, dass Zoltan mittlerweile eine neue Frau kennengelernt hatte, die ihren Lebensmittelpunkt in Südamerika hatte und er sie regelmäßig besuchte, machte ich mir doch Vorwürfe, dass wir unseren Sohn durch unsere Trennung mit zwei Hunden und einer Katze allein gelassen hatten! In einem Alter, in dem Kinder beginnen, sich von ihren Eltern abzunabeln, hatten wir uns gewissermaßen von ihm abgenabelt.

Aber Julian nahm alles ganz locker. Er quartierte ein paar Freunde bei sich im Haus ein, warf sie aber später wieder raus, weil sie, wie er mir am Telefon berichtete, zu viel Unfug machten, nicht aufräumten und ihn am Lernen hinderten. Manchmal hätte man wirklich meinen können, er wäre der Erwachsene, und Zoltan und ich die Kinder. Allerdings gab es unsere Nachbarin, mit der wir eng befreundet waren, sowie unseren Freund und Cutter unseres Films „Gone", der vorübergehend in unserem Haus wohnte. Die beiden hatten während unserer Abwesenheit ein Auge auf unseren Sohn, wir wussten also immer Bescheid, dass es ihm gut ging.

Es hat einige Zeit gedauert, aber nicht allzu lange, und heute haben Zoltan und ich eine sehr innige und freundschaftliche Beziehung zueinander. Er lebt seit Jahren in Berlin in einem Haus am See außerhalb der Stadt, zusammen mit seiner neuen Lebensgefährtin. Im April 2017 heirateten die beiden und ich sollte als Trauzeugin seiner zukünftigen Frau Tina dabei sein, wäre nicht das schöne und außergewöhnliche Vorhaben durch eine Drehplanänderung vereitelt worden. Daher sollte ich am Tag der Hochzeit den frühen Flug nehmen, der auch noch mirakulöser Weise gecancelt wurde und ich die Hochzeit letztendlich verpasste. Auf meine Enttäuschung meinte Tina: „Wir haben uns ja noch das ganze Leben." – So soll es sein!

Zoltan hat den Traum fortgesetzt, der für ihn mit unserem gemeinsamen Film „Gone" begonnen hatte: Er macht immer noch Filme, auf eigene Faust und mittlerweile unter Mitarbeit eines aufstrebenden jungen Musikers, der hin und wieder auch Filmscores komponiert – unserem Sohn Julian.

Julian begann nach dem Abitur, das er auch ohne allzu viel Hilfe seiner Eltern problemlos schaffte, seiner musikalischen Leidenschaft nachzugehen. Wenigstens in diesem Punkt können Zoltan und ich für uns beanspruchen, ein bisschen etwas dazu beigetragen zu haben: Seine erste Gitarre bekam Julian von Zoltan, die Liebe zum Jazz wiederum dürfte er ein wenig von mir geerbt haben. Mit seiner Band „Edi Nulz" hat Julian mittlerweile schon erfolgreich einige CDs herausgebracht, tritt in erstklassigen Locations auf – und manchmal darf ich sogar mit ihm und der Band gemeinsam auf der Bühne stehen. Seit 2015 gehen wir mit einer musikalischen Douglas Adams-Lesung regelmäßig auf Tour. Es macht mir wahnsinnig viel Spaß, mit den Jungs aufzutreten, und dass Julian den Wunsch äußerte, mit mir, seiner Mutter, gemeinsam aufzutreten, freut mich nicht nur sehr, es bestätigt mich auch darin, dass seine Kindheit und Jugend keine schlechte Zeit für ihn gewesen sind. Er nennt mich Adele, nicht Mama, aber das war auch schon so, als er noch ein kleines Kind war.

Es würde mich wundern, wenn ich in meinem Leben noch einmal heiraten würde. Trotzdem ist mein Herz nicht müde für die Liebe. Die fünfundzwanzig Ehejahre mit Zoltan waren eine aufregende Zeit und haben mich mehr geprägt als vieles andere. Aber das liegt jetzt hinter mir, ist Teil meiner Vergangenheit, die ich nicht missen möchte. Ich spüre kein Bedürfnis, in dieser Hinsicht wieder von vorne anzufangen.

Was nicht heißt, dass die romantische Liebe nach Zoltan keinen Platz mehr in meinem Leben gehabt hätte. Es gab danach einen anderen Mann, der lange in meinem Leben war und der zugleich der erste Mann war, von dem ich verlassen wurde. Ich, die ich doch sonst immer selber den Zeitpunkt für's Weitergehen hatte bestimmen dürfen.

Ich hatte auf diesen Mann gewartet. Als wir uns kennenlernten, war er noch mit seiner Frau liiert. Und ich war so verliebt in ihn, dass ich keine Liebschaft, sondern eine echte Beziehung mit ihm wollte. Zugleich wollte ich auf keinen Fall der Grund dafür sein, dass er seine Frau meinetwegen verlässt, weil Zoltans und meine Trennung mir noch frisch im Gedächtnis haftete.

Trotzdem und entgegen der Warnungen meiner Freunde verfiel ich diesem Mann letzten Endes und glaubte ihm, als er mir versicherte, seine Beziehung befinde sich ohnehin schon am Ende. Wir verbrachten eine schöne Zeit miteinander – aber dann verliebte er sich in eine andere, sehr temperamentvolle und schöne Frau. Diesbezüglich habe ich ihm nichts vorzuwerfen, aber er suchte sich keinen guten Zeitpunkt aus, mir reinen Wein einzuschenken: Ich kam gerade vom Ausstreuen der Asche meines Vaters aus Griechenland zurück, als er mir eröffnete, dass es zwischen uns vorbei ist …

So bin ich jetzt seit einiger Zeit in einer ganz neuen Phase meines Lebens, frei auf eine Art, die ich eigentlich nie gekannt habe. Seit meiner Jugend war ich immer von einer Beziehung zur nächsten übergegangen, nie war ich längere Zeit alleine. Derzeit bin ich damit gar nicht unglücklich, beobachte Beziehungen in meinem Umfeld von außen und sehe da manchmal viel Mühe und reichlich Spannungen.

Als Außenstehende merke ich erst so richtig, wie wenig sich die Menschen darüber im Klaren sind, welchen Schatz sie oftmals aneinander haben. Das positive Gegenbeispiel

Mit Julian in meiner Wiener Wohnung, im Hintergrund ein Bild von
meiner Großmutter, gemalt von meinem Großvater, sowie einige
Arbeiten meiner Großmutter.

Mit dem Punk-Jazz-Trio Edi Nulz, 2015

sind mein Bruder Peter und seine Frau Josefina: Jedesmal, wenn ich die beiden in ihrem Haus in Mallorca besuche, merke ich, welch wunderbare Beziehung sie führen, wie sie einander lieben und zugleich künstlerisch herausfordern. Es ist schön, so etwas zu beobachten. Aber es ist eben eine der wenigen Beziehungen, über die ich ähnlich Gutes sagen kann.

Im Moment atme ich also durch, komme hoffentlich zur Ruhe und übe mich im Loslassen.

Mit meinem Vater bei der „Romy"-Gala in der Wiener Hofburg, 2012

LEBEN IN ANDERTHALB STUNDEN

Mein Vater kaufte Mitte der 60er-Jahre unseren ersten Fernsehapparat, das war für uns beide ein unglaublich faszinierendes Gerät. Große Ereignisse erlebten wir fortan gemeinsam vor dem Bildschirm: die spektakulären Boxkämpfe von Cassius Clay gegen Joe Frazier ebenso wie die erste Mondlandung. Als 1969 Neil Armstrong seinen berühmten kleinen-großen Schritt tat und wir dieses historische Ereignis tatsächlich live im Fernsehen mitverfolgen konnten – „Houston, the Eagle has landed" –, lief ich auf den Balkon hinaus und starrte hinauf zum Mond, auf dem ich auch einen klitzekleinen Schatten zu erkennen meinte.

Unser Fernsehgerät stand im Esszimmer. Das führte dazu, dass ich mir beim Abendessen oft endlos Zeit ließ, bis ich meinen Teller geleert hatte: Auf diese Weise hatte ich eine Chance, wenigstens noch den Anfang des Hauptabendprogramms zu erhaschen, bevor ich ins Bett musste. Ich hatte also schon als Kind eine enge Verbindung zu diesem Medium und Krimis faszinierten mich dabei von Anfang an ganz besonders.

Umso schöner, dass ich als Schauspielerin Teil eines der populärsten Fernsehformate der letzten Jahrzehnte sein darf: „Tatort" ist wie Vinyl. Diesen Eindruck habe ich manchmal, wenn ich mitbekomme, wie beliebt diese Krimireihe, die mittlerweile seit mehr als vier Jahrzehnten ohne Unterbrechung läuft, gerade beim jüngeren Publikum heute wieder ist. Nicht nur auf „Twitter" regnet es jeden Sonntagabend lobende, kritische oder witzige Kommentare, während die aktuelle Folge im gesamten deutschen Sprachraum ausgestrahlt wird. Viele treffen einander sogar in Lokalen, zu Hause oder gar im Kino, um sich einen gemeinsamen „Tatort"-Fernsehabend zu gönnen. Es ist also irgendwie wie mit den Langspielplatten: Auch die galten eine Zeit lang schon als altes Eisen, haben aber gerade bei den Jungen heute wieder unfassbar an Beliebtheit zugelegt. So ist der „Tatort" eine Art neu aufgelegtes Vinyl mit technisch verfeinerten Mitteln. „Tatort" ist Kult.

Seit 2011 bin ich als Kommissarin „Bibi Fellner" Partnerin an der Seite von Harald Krassnitzer. Ich kann mich noch gut erinnern, wie nervös ich in der letzten Woche vor Drehbeginn meiner ersten Folge war. Ich bin übrigens bis heute auch bei jeder kleinen Lesung und jedem kurzen Auftritt nervös, aber diese erste „Tatort"-Folge war schon sehr besonders. Von Anfang an war ich von der Figur der Bibi Fellner begeistert. Ich betete geradezu dafür, dass ich sie richtig „erwischen" und so auf den Schirm bringen würde, wie ich mir diese unangepasste, nicht perfekte und gerade dadurch so verdammt sympathische Polizistin beim Lesen der Drehbücher vorgestellt hatte.

Wenige Tage vor Drehbeginn war ich im Wiener Völkerkunde-Museum, um mich ein wenig zu zerstreuen und abzulenken. Ich lief dort durch die gesamte Dauerausstellung, sodass mir danach einigermaßen die Füße weh taten. Als ich das Museum verließ, fuhr gerade eine Straßenbahn in die nächstliegende Station ein, ich stieg kurzerhand ein, um mich ein wenig auszuruhen. Just auf dieser kurzen Strecke erwischte mich ein Kontrolleur beim Schwarzfahren. Einen Moment lang wollte ich ihm erklären, ich hätte das Fahrgeld doch schon abgezählt und bereit, dann ließ ich es wohlweislich bleiben – es hätte wie eine jämmerliche Ausrede geklungen – und bezahlte brav meine Strafe. Die Boulevard-Schlagzeile „Neue ‚Tatort'-Kommissarin beim Schwarzfahren erwischt" wollte ich mir ersparen, obwohl ich im nächsten Moment dachte, dass gerade dieses kleine Missgeschick zu Bibi Fellner irgendwie gepasst hätte: Gleich zu Beginn etwas falsch zu machen und ordentlich ins Fettnäpfchen zu treten. Es war jedenfalls ein erster Vorgeschmack darauf, wie viel diese neue Rolle auch privat in den nächsten Jahren für mich verändern sollte. Ich stand plötzlich in ganz anderer Weise als je zuvor in meiner Karriere in der Öffentlichkeit.

Plötzlich wurde ich nicht nur in Österreich, ja nicht einmal nur im deutschen Sprachraum, sondern sogar in Italien und Frankreich auf der Straße erkannt. Ich gehöre nicht zu den Schauspielern, denen solche Aufmerksamkeit prinzipiell peinlich oder lästig ist, ich betrachte sie als Zeichen dafür, dass meine Arbeit beachtet und wertgeschätzt wird – warum sollte mir das unangenehm sein? Manchmal gibt es dennoch Situationen, in denen ich weniger offen dafür bin als sonst. Als ich gerade mit einer Freundin auf dem Weg zur Beerdigung meiner Mutter war, sprach mich eine Frau auf der Straße an, die mich als Unterstützerin für die Anliegen psychisch Kranker gewinnen wollte. Weil ich in der Öffentlichkeit über meine Suizid-Versuche gesprochen hatte, hoffte sie, bei mir auf ein offenes Ohr zu stoßen. Sie wollte mich fast nicht mehr weitergehen lassen. Natürlich konnte sie nicht wissen, dass es gerade der denkbar schlechteste Moment für mich war, und ich versuchte auch, es mir nicht anmerken zu lassen. Meine liebe Freundin Marion fragte mich später, wie ich angesichts der Umstände so geduldig bleiben konnte.

Der österreichische „Tatort" genießt unter den 22 verschiedenen Ermittler-Teams der deutschsprachigen Fernsehanstalten schon fast eine Sonderstellung. Das liegt nicht nur daran, dass unser Idiom vom deutschen Fernsehpublikum als exotisch wahrgenommen und gerade dafür geschätzt und gemocht wird. Natürlich sprechen wir keinen heftigen Dialekt, sonst würde das Publikum aus Deutschland womöglich gar nichts mehr verstehen. Aber allein die gewisse Sprachfärbung und der typische Wiener Schmäh, den Bibi Fellner und Moritz Eisner transportieren, genügen, um den „Tatort Wien" für viele positiv von den anderen Standorten der Reihe abzuheben. Oft werde ich übrigens gefragt: „Was ist denn der Wiener Schmäh genau?" Das lässt sich am besten mit einer kleinen Anekdote beantworten. Kurz nach meiner Stimmband-Operation – ich sollte eigentlich noch schweigen – ging ich in ein Tabakgeschäft, um einen Straßenbahn-Fahrschein zu kaufen. Ich flüsterte dem Trafikanten also mit schwacher Stimme meinen Wunsch zu, worauf er trocken retournierte: „Schreien Sie mich nicht so an!!" Oder ein anderes Mal im Kaffeehaus: Ich konnte mich auf die Frage des Kellners, was ich denn nun gerne bestellen wollte, nicht entscheiden, was ich möchte und er antwortete mir trocken: „Wollen Sie's mir vielleicht aufzeichnen!" Das, zum Beispiel, ist Wiener Schmäh.

Den österreichischen „Tatort" erfüllt aber neben den Geschichten und der Dramaturgie auch eine gewisse Freiheit, die bei deutschen Sendeanstalten seltener möglich ist. Als Harald Krassnitzer und ich 2015 zur deutschen Bambi-Verleihung nach Berlin fuhren, wo Gunther Witte, der Erfinder des „Tatort"-Konzepts, ausgezeichnet wurde, standen dort insgesamt 32 „Tatort"-Kommissare auf der Bühne – eine ganz besondere Situation. Wir bekamen von so vielen Kollegen dermaßen begeisterte Worte über unsere Arbeit zu hören, dass wir es gar nicht fassen konnten. Der gemeinsame Tenor war: „Wir wollen von unseren Redakteuren auch so viel Freiheit bekommen und solche Geschichten erzählen dürfen wie die Österreicher." Als so mutig hatten wir uns bis dahin selber gar nicht empfunden, wir fanden das bis zu diesem Zeitpunkt eigentlich ganz normal und richtig.

Als ich 2010 das erste Drehbuch zu lesen bekam und Bibi Fellner auf diesem Weg „kennenlernte", war es Liebe auf den ersten Blick. Ich wusste gleich, dass ich gar nicht viel darüber nachzudenken brauchte, wie ich diese Rolle zu spielen hatte. Ihrem Erfinder, dem Autor Uli Brée, bin ich deshalb unendlich dankbar für diesen eigenwilligen Charakter dieser besonderen Frau. Ihre Brüchigkeit, Verletzlichkeit, auch ihre Unverlässlichkeit machten sie für eine Fernsehfigur in diesem Format ungewöhnlich, Bibi ist irgendwie erfrischend anders, hat Abgründe und erfüllte nicht diese demonstrative Vorbildfunktion. Ich glaube, das ist auch der Grund, warum die Figur rasch so viele Herzen erreicht hat. Ende April 2017 erhielt ich für die Darstellung der Bibi

Fellner wieder eine „Romy", den begehrten österreichischen Publikumspreis. Darüber habe ich mich sehr gefreut.

Leider wurden die Maschen in den Folgejahren aufgrund der Vorgaben der deutschen Sendeanstalten immer enger gefasst und die Vorgaben restriktiver. Mittlerweile sollten „Tatort"-Kommissare nicht mehr rauchen und auch keinen Alkohol trinken. Ich finde das überaus schade, weil es gerade eine realistische Darstellung einer Figur wie Bibi Fellner enorm einschränkt. Eisner und Fellner müssten nach ihrem Dienst eigentlich gemeinsam in ein Lokal gehen und ein paar Feierabend-Biere trinken, finde ich. Es würde auch zu Bibi passen, dass sie in der Nacht aufwacht und um die Häuser zieht, weil sie nicht schlafen kann. Daraus könnte dann vielleicht auch einmal ein neuer Fall entstehen. Über diese Idee haben Harry und ich häufiger gesprochen, so ist doch die Realität, so sind Menschen nun einmal. All das auszusparen, weil es auf einmal nicht mehr politisch korrekt sein soll, halte ich für einen wirklich ganz dummen Fehler, der der Figurenentwicklung im Wege steht. Vermutlich kann mir niemand schlüssig erklären, warum es in punkto Vorbildfunktion kein Problem ist, Gewalt, Mord und Totschlag und oftmals mehrere Leichen pro „Tatort"-Folge zu zeigen, die Kommissare aber bei ihren menschlichen Versuchen, all das zu verdauen, kein Bier trinken und keine Beruhigungszigarette rauchen dürfen?

Dass ich die Rolle der Bibi Fellner 2011 überhaupt bekam, war alles andere als eine Selbstverständlichkeit. Harald Krassnitzer hatte sich schon länger nach einer Partnerin für seine Figur Moritz Eisner gesehnt, und es war, wie gesagt, Uli

Mein erster Tatort „Vergeltung" wurde 2011 erstmals ausgestrahlt.

Filmstill aus dem Tatort „Ausgelöscht"

Brée, einer der Drehbuchautoren, nicht nur für den österreichischen „Tatort", der auf die Idee kam, es mit dieser „komischen Alten" namens Bibi zu probieren.

Dass ich dafür als Besetzung in Betracht gezogen wurde, hatte wesentlich mit dem Erfolg der ganz anders gearteten, skurril-satirischen Krimi-Serie „Vier Frauen und ein Todesfall" zu tun, in der ich seit 2004 die Rolle der Julie Zirbner spielte. Die Idee zu dieser Serie stammte von Wolf Haas und seiner Frau Annemarie Mitterhofer. Rupert Henning und Uli Brée setzten sie grandios in Drehbücher um. Wolf Haas kennt man von seinen herrlichen „Brenner"-Romanen. Erst durch diese Serie war ich nach meiner jahrelangen Abwesenheit in meiner Heimat einer breiteren Öffentlichkeit bekannt geworden. In einer Zeitungskritik zur ersten Staffel der „Vier Frauen" hieß es: „Wo war die Neuhauser eigentlich die ganzen Jahre?" Nun ja, ich war in Deutschland und spielte Theater, aber natürlich hatten das in Österreich nicht viele mitbekommen. Gut, ich hatte auch schon ein paar Jahre zuvor in „Doctor's Diary" die schrullige, überspannte Schriftstellerin Elke Fisher gespielt und dafür überraschend viel Zuspruch bekommen.

„Vier Frauen und ein Todesfall" bedeutete in vielerlei Hinsicht eine Initialzündung für mich. Endlich eine Rolle, in der ich mein heimisches Idiom sprechen durfte! Ich kannte die Reaktion bei deutschen Film- und Fernsehcastings nur zu gut, wenn man mir schon zur Begrüßung sagte: „Ah, Sie sind *Österreicherin*!?" Tatsächlich war es beim Spielen vor der Kamera, ganz im Gegensatz zum Theater, immer auch ein kleines Problem und schränkte mich ein wenig in meiner Spontanität ein. Denn vor der Kamera wird ein natürlicher, lockerer Umgang mit Sprache erwartet, eben

Das Publikum hat mich beschenkt: „Romy" 2016.

keine Bühnensprache. Bei den „Vier Frauen" wurde von mir erwartet, dass ich buchstäblich so spreche, wie mir der Schnabel nun einmal gewachsen ist. Was das an Authentizität und Witz ermöglichte, weil ich alles auf einmal ganz anders pointieren konnte – eine echte Befreiung.

Außerdem war die verwitwete Großbäuerin Julie Zirbner eine kompromisslose, gestandene Frau, die ich liebend gern spielte. Für die Vorlage von Julie Zirbner mussten vier Tanten von Annemarie Mitterhofer herhalten. Nach Ausstrahlung der ersten Staffel übermittelte sie mir lobende Worte von ihren Tanten für meine gelungene Darstellung, was mich natürlich ausgesprochen freute und ehrte. Da war die Expressivität, nach der ich mich gesehnt hatte, da wusste ich, was ich zu tun hatte. Und mir war von Anfang an klar: Diese Serie wird Kult. Das wurde sie dann auch.

Nie werde ich den Moment vergessen, als ich den Anruf erhielt, dass ich die Rolle tatsächlich bekommen hatte. Ich war gerade auf dem Weg zum Flughafen, Zoltan kutschierte mich mit dem Auto, und ein Mitarbeiter der Dor-Film rief mich an. Ich konnte es im ersten Augenblick gar nicht fassen. Nicht, weil ich mir die Rolle nicht zutraute, auch wenn sie anfänglich für eine circa 70-jährige Frau geschrieben worden war. Im Gegenteil, ich war sogar sicher, dass ich die Idealbesetzung war. Aus Zeitdruck hatte ich nicht zu dem Casting erscheinen können, so musste ich auf Bitten der Produktion stattdessen ein zehnminütiges Videoband mit den lustigsten Szene aus meinen bisherigen Film- und Fernsehrollen zusammenschneiden.

Ich hantierte in unserem Haus in Polling mühselig mit zwei miserablen Videorekordern herum, um vermeintlich

Julie Zirbner in Action: „Vier Frauen und ein Todesfall"

oder tatsächlich lustige Szenen zu finden, die ich von einer auf die andere Videokassette überspielen konnte. Am Ende hatte ich ein Magnetband zusammen, von dem ich fast sicher war, man würde es in der Produktion gar nicht abspielen können. Und wenn doch, so dachte ich, ist die optisch-akustische Qualität wahrscheinlich so schlecht, dass sie mich trotzdem nicht nehmen.

Aber wie es sich in meinem Leben schon öfters ereignete, geschah es auch hier: Wenn ich etwas nicht unbedingt wollte oder mir keine besonders guten Chancen ausrechnete, geschah es manchmal von ganz allein. Die Dinge, die ich unbedingt wollte, haben hingegen in den meisten Fällen nicht geklappt.

Regisseur Harald Sicheritz hob die „Vier Frauen" fulminant aus der Taufe, und Wolfgang Murnberger, vielen auch aus den Verfilmungen der Wolf-Haas-Krimis ein Begriff, übernahm die Regie der nächsten vier Folgen der ersten Staffel.

Ich erinnere mich an meinen ersten Drehtag mit Murnberger, als ich in Kostüm und Maske ans Set kam und ihm gegenübertrat: Er hielt mich für eine echte Bäuerin! Er leugnet das heute natürlich, aber es war so. Als ich dann am Ende des Drehtags meine Privatkleider anzog, erkannte er mich gar nicht mehr wieder. Dabei, so dachte ich, musste er doch meine Casting-Kassette gesehen haben. Offenbar war die technische Qualität meines Videos also wirklich miserabel gewesen.

Mit der Zeit wurde die Serie, wie wir alle erhofft und erwartet hatten, ein Riesenerfolg, 2016 drehten wir die neunte und (voraussichtlich) letzte Staffel ab. Ich habe diese verrückte, kompromisslose Julie Zirbner wirklich geliebt. Wie viele Schauspielerinnen in meinem Alter haben schon das Glück, jahrelang zwei so unterschiedliche und spannende Frauenfiguren im Fernsehen verkörpern zu können, wie es Julie Zirbner und Bibi Fellner sind? Beide klären Mordfälle auf, die eine dilettantisch, die andere professionell. Während „Vier Frauen und ein Todesfall" also vermutlich zu Ende ist, ist beim „Tatort" glücklicherweise noch kein Ende in Sicht.

Ich war lange Jahre eine so eingefleischte Theaterschauspielerin, dass ich nie gedacht hätte, das Drehen von Fernsehfilmen würde in meinem Leben einen so großen Stellenwert erlangen. Während ich noch intensiv Theater spielte, war ich aber trotzdem über jeden Drehtag froh: Für die Gage, die ich für einen solchen Drehtag erhielt, musste ich am Theater mindestens zwei Wochen arbeiten – diesen Unterschied muss man sich einmal vorstellen. Auch empfand ich die Arbeit am Theater als ungleich härter als jene vor der Kamera, selbst wenn es mich anfangs noch verunsicherte, als mir die technischen Anforderungen beim Drehen noch nicht so geläufig waren.

Zu viel Lob ist für mich leider gar nicht gut, dann wird die nächste Einstellung meistens schlecht. Wenn ich aber spüre, man schätzt mich, nimmt mich richtig wahr – und das merke ich schon alleine an der Art, wie der Regisseur am Ende der Einstellung „Danke" oder „Cut" sagt –, ist alles gut. Und wenn er oder sie mich am Ende eines Drehtags doch noch lobt, kann ich in dem Fall das Lob auch annehmen und bis zum nächsten Morgen wieder vergessen. Ich schlafe dann viel besser und werfe mich am nächsten Tag ausgeruht in ein neues Abenteuer.

Mit meinem Freund und Kollegen Harry Krassnitzer:
Wir blödeln nicht nur am Set, sondern auch bei der
Grimme-Preisverleihung vor der Presse, 2014.

Harry Krassnitzer und ich verstehen uns ausgesprochen gut, wir haben es zum Leidwesen mancher Regisseure oft sehr lustig am Set. Unsere künstlerische und freundschaftliche Beziehung ist für mich ein wahres Geschenk. Als ich letztes Jahr, kurz vor meiner Stammzellenspende für meinen Bruder Alexander, mit Grippe im Bett lag, ging er für mich einkaufen, machte mir Tee und kümmerte sich einfach rührend um mich. Etwas, das ich von einem Kollegen in dieser Form noch nicht kannte. Wir sind inzwischen eben echte Freunde geworden.

Da mich die technischen Aspekte der Film- und Fernseharbeit im Laufe der Jahre immer mehr interessierten, lernte ich recht schnell, und inzwischen bewege ich mich vor der Kamera fast unbefangener als auf einer Bühne. Das führt dazu, dass der erste Take bei mir meistens der beste ist. Beim „Tatort" haben wir zumeist eine Probe für die Technik, eine für uns, dann wird gedreht.

Manches Mal, wenn ich finde, mir ist etwas nicht so hundertprozentig gelungen, wie ich es mir vorgestellt habe, bitte ich den Regisseur um einen zweiten Take. Richtig gut wird in diesem Fall aber üblicherweise erst der dritte: Beim zweiten bin ich dann noch zu sehr damit beschäftigt, die Fehler des ersten zu korrigieren, beim dritten kommt meist wieder die Ruhe und Spontanität dazu, die jede gute Aufnahme haben sollte.

Die Entscheidung darüber, wann genügend Takes gedreht wurden, obliegt letztlich natürlich dem Regisseur. Hätte ich zum Beispiel einmal die Ehre, mit dem Regisseur Michael Haneke zu arbeiten, müsste ich mich auf wesentlich mehr Takes einlassen. Er kann es sich aber auch leisten, viel mehr Zeit auf eine Szene zu verwenden. Mehr Spielraum würden wir uns manchmal bei unseren Dreharbeiten auch wünschen. Aber bei Fernsehproduktionen ist die Drehzeit meist dermaßen begrenzt und immer wieder ein Thema kämpferischer Diskussionen zwischen Regie und Produktion.

Am stärksten gefordert war ich auf der Bühne wie auch vor der Kamera bisher, wenn ich mit Regisseurinnen gearbeitet habe. Wie erwähnt, war die Arbeit mit der Regisseurin Anna Badora zu „Medea" ein einschneidendes Erlebnis und künstlerisch eine der wichtigsten Erfahrungen für mich. Vor der Kamera hatte ich eine Art Déjà vu, als wir mit der Regisseurin Sabine Derflinger den Tatort „Angezählt" drehten. Für diese Folge erhielten wir im April 2014 auch den begehrten Grimme-Preis – ein großes Lob. Sabine Derflinger warf uns förmlich ins kalte Wasser. In einigen Situationen zwischen Eisner und Bibi sollten wir unserer Inspiration freien Lauf lassen. So improvisierten wir einen Streit, der so nicht im Drehbuch stand. In den folgenden drei Minuten wurde uns plötzlich bewusst, wie befreiend Improvisation sein kann, wenn man von der Regisseurin und dem Partner einen mit Vertrauen und Spielfreude gespickten kreativen Teppich bekommt. Unkonventionelles Arbeiten, energievoll und mutig eingeforderte Regieanweisungen, ohne Angst vor möglichem Scheitern und vergeudeter, so knapp bemessener Drehzeit, habe ich meist in der Zusammenarbeit mit Frauen erlebt. Regisseurinnen haben es bis heute schwer im Filmgeschäft und werden auch immer noch schlechter bezahlt als ihre männlichen Kollegen. Ich weiß, dass Sabine Derflinger viele Jahre kämpfen musste, um endlich einmal einen „Tatort" drehen zu dürfen. Man sollte meinen, dass es im künstlerischen Bereich liberaler zugeht als anderswo, aber auch hier haben Frauen immer noch mit den alten, verhärteten Strukturen zu kämpfen. Sehr bedauerlich!

Fernsehen ist ein wunderbares Medium, aber das Kino bleibt für mich unübertroffen, obwohl es uns immer häufiger gelingt, auch im Fernsehen Kinoqualität zu schaffen. Trotzdem ist das Kino immer ein Sehnsuchtsort für mich geblieben, nicht nur als Zuschauerin auf den Dächern Athens, wo ich mit meinem Vater als Kind oft die Freilichtkinos besuchte. Im Geheimen bin ich überzeugt: Ich gehöre auf die große Leinwand – dort wäre die Expressivität meines Spiels richtig gut aufgehoben.

Der dunkle Kinosaal schafft eine ganz andere Konzentration, einen speziellen Fokus und zieht dich, anders als vor dem Bildschirm, förmlich in eine Geschichte hinein. Im Kino gelingt es oft, die Welt draußen für eineinhalb Stunden zu vergessen und sich ganz verführen zu lassen. Du träumst dich nicht nur auf einen anderen Stern, du bist dort. In den Anfängen meiner Karriere wurde mir oft vorgeworfen, dass ich zu groß spiele, überagiere. Dann sah ich irgendwann Gerard Depardieu als Cyrano de Bergerac auf der großen Leinwand und dachte: Na, geht doch, man muss es nur zu nehmen wissen! Und man muss den Raum dafür bekommen. Ich bin noch nicht zufrieden mit den sechs Kinofilmen, an denen ich bisher mitwirken durfte. Überhaupt bin ich jetzt wieder einmal an so einem Punkt, wo ich das Gefühl habe: Da muss und kann noch was anderes kommen! Und bisher war es oft so: Wenn in meiner Karriere der Moment kam, wo alles ein Selbstläufer zu werden schien, wo eigentlich jeder in meinem Umfeld den Eindruck hatte, viel wird sich da nicht mehr ändern – dann ist noch einmal etwas ganz anderes losgegangen. So ein Gefühl von Neuanfang habe ich jetzt gerade wieder.

In solchen Augenblicken meines Lebens muss ich dann auch ein wenig träumen dürfen. Es gibt so großartige internationale Serien, in Skandinavien, auch in den USA – warum soll nicht auch einmal im deutschen Sprachraum etwas Vergleichbares gelingen? Wir wollen doch alle etwas Besonderes schaffen, das Publikum verführen und die Menschen atemlos vor dem Bildschirm oder vor Spannung gefesselt im Kinosaal sitzen sehen.

Es gibt auch internationale Regisseure, mit denen ich nur zu gerne arbeiten würde. Ein Traum wäre ein Film mit Pedro Almodóvar. Mit ihm würde ich mich auf jedes filmische Abenteuer einlassen. Wie er und welche Geschichten er uns erzählt, und vor allem, wie er seine Frauenfiguren in Szene setzt, fasziniert mich immer wieder auf's Neue. So schöne, interessante und starke Frauen sieht man selten. Ich denke da zum Beispiel an den Film „Alles über meine Mutter" oder an „Volver". Dort fühlte ich mich von Penelope Cruz in gewisser Weise an die Filme mit Sophia Loren, oder an die unübertroffene Anna Magnani erinnert. Die Magnani war übrigens immer schon ein Vorbild für mich.

Generell habe ich einfach eine viel stärkere Sehnsucht nach großartigen Regisseurinnen und Regisseuren, die mich künstlerisch fordern, als Sehnsucht nach Hollywood, nach Ruhm und Reichtum. Ich werde für meine Arbeit mittlerweile anständig bezahlt, auch wenn Frauen in dieser

Branche – wie auch in nahezu allen anderen – immer noch weniger verdienen als ihre männlichen Kollegen.

In jeder „Tatort"-Folge sehen uns ein paar Millionen Zuseher, viel mehr Publikum erreicht man auch mit manch einem Hollywood-Schinken nicht. Bis jetzt stehen die US-Producer auch noch nicht Schlange, ich bin also nicht in der Verlegenheit, ihnen womöglich absagen zu müssen. Noch nicht!

Beim Spielen geht es nur um eines: Seine Rolle ernst zu nehmen, alles zu geben, und noch mehr. Es gibt aber immer wieder Leute, die meinen: Wozu die Mühe, es ist doch *nur ein Film*. Für mich ist es nie *nur* ein Film, sondern: Leben in anderthalb Stunden.

Diese Einstellung hat mich immer schon am meisten belohnt, egal ob ich in der Provinz Theater spielte oder vor Millionen Menschen am Wohnzimmerbildschirm erscheine. Und ich glaube, solange ich mir diesen spielerischen Ernst bewahre, werde ich den Spaß an meinem Beruf nicht so schnell verlieren.

Ich freue mich, in bislang sechs Kinofilmen mitgewirkt zu haben, aber ich bin jetzt wieder mal an so einem Punkt, wo ich mir ganz sicher bin: Da kommt noch was.

Ich war einmal mein größter Feind.

LOSLASSEN

Ich kann ohne Kunst nicht leben, weil sie mich im wortwört-
lichen Sinn begeistert. Kunst ist für mich wie ein Dünger,
der meine emotionale Beteiligung an mir selbst, an anderen
und an der Welt immer wieder aktiviert. Kunst ist der beste
Umgang, den man haben kann. Das Gehirn funktioniert nicht
wie ein Muskel, den man nur zu trainieren braucht. Neues
Wissen, neue Fähigkeiten erwerben wir vor allem dann, wenn
wir emotional berührt werden. Wenn uns etwas unter die Haut
geht. Wenn wir im Theater sitzen, uns einen Film anschauen
oder ein Gemälde, entsteht im besten Fall diese Energie, an
die ich so sehr glaube und die ich versuche zu leben. Diese
Energie mobilisiert uns und sie lässt sich mühelos vermehren
und weitergeben. Da gibt es diesen schönen Satz von Antoine
de Saint-Exupéry, der uns auffordert: „Wenn du ein Schiff
bauen willst, dann trommle nicht Männer zusammen, um
Holz zu beschaffen, Aufgaben zu vergeben und die Arbeit ein-
zuteilen, sondern lehre die Männer die Sehnsucht nach dem
weiten, endlosen Meer." Darum geht es eigentlich. Und darum
geht es in der Kunst. Um Energie.

Das Gute erkennt man oft erst, wenn es kaputt geht.

Friede, Empathie, Freiheit, soziale Sicherheit, eine intakte Natur – lauter Themen, die uns in den vergangenen Jahren und Jahrzehnten als Selbstverständlichkeit erschienen, müssen wir heute neu denken und neu einfordern. Das hatte ich schon damals in den Jahren 1967 bis 1974 auf meinen Schiffsreisen nach Griechenland während der Militärdiktatur in den Gesprächen mit Studenten erfahren. In einem Land, in dem die demokratische Staatsform ihren Ursprung fand, die Menschenrechte festgeschrieben und die ganze Welt dadurch verändert wurde, mussten Jahrhunderte später diese jungen Studenten erneut für diese alten Werte auf die Barrikaden steigen. Auch die Schauspielerin und spätere Kulturministerin Melina Mercouri bezog lautstark Kritik gegen das Regime, daraufhin wurde ihr von den Machthabern die griechische Staatsbürgerschaft abgesprochen. Mikis Theodorakis bekam sogar Auftrittsverbot in Griechenland und lebte danach im Exil in Frankreich. Ich saß mit den Studenten an Deck und sie sangen, zum Zeichen ihres Protestes, lautstark seine vom Regime verbotenen Lieder. Dieser Widerstandsgeist und die dadurch freiwerdenden Energien steckten mich an und imponierten mir enorm.

Und heute irritiert es mich zunehmend, dass die positiv denkenden Menschen mit der Zeit so elegant leise geworden sind, während diejenigen, die mit voller Kraft zurückrudern und bei jeder Gelegenheit den Teufel an die Wand malen, so unerträglich laut und großspurig auftreten – alleine das gibt ihnen manchmal den Anschein einer Mehrheit. Aber sie bilden nicht die Mehrheit.

Ich kann und will nicht mehr leise sein. Ich werde auch in Zukunft nicht aufhören, mich zu engagieren, wo ich es für richtig und für angemessen halte. Es ist für mich eine Frage der Haltung. Ich riskiere außerdem nicht so viel, immerhin lebe ich in einem Land, wo freie Meinungsäußerung nicht mit Abschiebung oder Gefängnis bestraft wird. Dafür bin ich dankbar. Und das soll bitte auch so bleiben!

Die Wirtschafts- und Schuldenkrise hat ganz besonders Süd- und Osteuropa schwer getroffen – vor allem die Menschen, die in diesen Ländern leben. Es hat mich wirklich sehr erschüttert, am Beispiel meiner zweiten Heimat Griechenland zu sehen, wie rasch ein Land innerhalb dieses globalen Wirtschaftssystems unter die Räder kommen kann und wie viele geplatzte Träume und zerstörte Lebensentwürfe ein solcher Crash hinterlässt. Kein Wunder, wenn sich dann Ressentiments verstärken, Unmut wächst und viele Menschen auf die Parolen von Populisten hereinfallen, die den Schwachen am liebsten die noch Schwächeren als ideale Sündenböcke präsentieren. Die Geschichte hat uns gezeigt: So leicht kann es gehen und zugleich: So leicht geht es eben nicht.

Ich selbst bin privilegiert: Ich kann heute von der Arbeit, die ich liebe und die ich mein Leben lang machen wollte, gut leben und mir dazu noch alle möglichen Annehmlichkeiten leisten. Aber das war nicht immer so. Jede Zelle meines Körpers erinnert sich noch daran, wie es sich angefühlt hat, nicht einkaufen gehen zu können, weil das Konto so weit überzogen war, dass die Bankomatkarte nicht mehr funktionierte und manchmal auch vom Geldautomaten hinterhältig „verschluckt" wurde. Ich erinnere mich an die Angst vor der nächsten zu bezahlenden Miete, und an die Scham, die mit der Frage verbunden war, warum man die ganze Zeit so knapp am Abgrund dahinschrammt, während andere scheinbar mühelos Erfolg an Erfolg reihen.

Zum Glück war ich in meinem Leben nie ganz unten. Aber ich bin lange genug auf einem schmalen Grat gewandelt, um zu wissen, woher die destruktiven Gefühle derer kommen, die sich ausgeschlossen fühlen – und es de facto auch sind.

Deshalb ist es mir in den letzten Jahren zunehmend wichtiger geworden, Rollen zu verkörpern, die jenseits der Fiktion von Sauberkeit, Perfektion und einem bruchlos gelungenen Leben angesiedelt sind. Ich möchte mit meiner Arbeit als Schauspielerin in erster Linie unterhalten und das Publikum erfreuen – ich will Geschichten erzählen. Gute, wichtige und natürlich auch schöne und lustige Geschichten. Aber ich möchte den Menschen zugleich wahrhaftigere Charaktere zeigen als diejenigen, die ihnen von Boulevardmedien als selbstverständliche Ideale vorgeführt werden. Das verstehe ich als Teil der Verantwortung, die mit meinem Beruf und meinem Erfolg einhergehen.

Was brauche ich für ein zufriedenes Leben? Menschen, die ich lieben kann und die mich wiederlieben, Freunde, gesundes Essen und einen Platz, an dem ich es im Winter warm habe. Ich brauche aber auch Freiheit, Sicherheit und Anerkennung für das, was ich mache. Und dann brauche ich noch meinen geliebten Saab, der eine Menge Sprit verbraucht und hoffentlich noch weitere 200.000 km fährt. Ich brauche mein Smartphone, meinen Laptop und mein iPad und habe mich Apple, Google und Co. genauso unterworfen wie die meisten. Nur Amazon nicht, meine Bücher, CDs und Filme kaufe ich wieder bei meinem Buchhändler um die Ecke. Sie sehen: Ein ganz klein bisschen „Widerstandsgeist" riskiere ich schon.

Gleichzeitig bemerke ich, natürlich bin ich auch Sklavin all dessen geworden, was ich kritisiere. Niemals ist mein Handy ausgeschaltet, ich bin immer und überall erreichbar, beantworte jede E-Mail – wenn irgend möglich – sofort. Digitaler Overkill ist das große Schlagwort. Der Gedanke, einmal zehn Minuten nichts zu tun, nur zu schauen, stresst uns inzwischen mehr, als die nächsten Antworten zu schreiben und möglichst auf alles in der Minute zu reagieren.

Wir sollten lernen loszulassen, uns zurücklehnen, durchatmen und auf uns und unsere Umwelt schauen, dann würden wir feststellen, dass wir Vieles, was wir glaubten zu brauchen, gar nicht benötigen.

Ich vertraue im Wesentlichen auf meine Sinne, sie haben mich bisher ganz gut geleitet. Doch manches Mal hätte ich auch gerne an diesen *einen* Gott geglaubt. Wie oft habe ich den Satz gehört: „Der liebe Gott sieht alles." Ja, wenn er doch nur alles sehen könnte! Zu sagen, dass die Nachbarin alles sieht (auch daran glauben nämlich viele Menschen), hat irgendwie nicht dieselbe Größe und Verbindlichkeit.

Gerade deshalb hätte ich gerne an den einen Gott geglaubt, motiviert durch das Gefühl, dass es mir gut getan und Halt gegeben hätte. Aber es sollte nicht sein. Als Kind war ich immer wieder in der Kirche. Ich wurde wie mein Vater griechisch-orthodox getauft, dann aber wollte ich wie alle kleinen Mädchen ein weißes Kleid zur Erstkommunion, also wurde ich umgetauft, und war fortan römisch-katholisch – wie meine Mutter. Mit sechzehn oder siebzehn begann ich die Kirche kritisch zu sehen und brachte meinen Protest mit meinem Austritt zum Ausdruck. Auch wenn ich bis heute den am Kreuz leidenden Christus eher als bedrohliches denn als tröstliches Symbol empfinde, gehe ich weiter gerne in Kirchen, weil sie für mich besondere, mystische Orte sind. Es erfüllt mich mit Kraft.

Einmal machte ich alleine einen Ausflug zum wunderschönen Stift Göttweig in Niederösterreich. Ich betrat die prächtige Stiftskirche und schlenderte staunend durch das leere Kirchenschiff nach vorne zum Altar, als plötzlich die engelhaften Stimmen eines Knabenchores, während einer Chorprobe, zu einem Choral ansetzten. In diesem Augenblick dachte ich: „Jetzt hat er mich kurz erwischt, der liebe Gott!"

Solche erhebenden Momente nehme ich gerne an, woran ich aber eigentlich glaube, ist die Liebe zu den Menschen per se, an diese positive und ansteckende Energie, die uns alle auf dieser Erde verbindet.

In der Erziehung meines Sohnes Julian war mir immer wichtig, ihm die Aufrichtigkeit gegenüber anderen, den Respekt vor dem Gegenüber vorzuleben und ihn diese Werte zu lehren. Wenn wir diese manchmal altmodisch anmutenden „Werte" nämlich verlieren, bleibt nur der nackte Materialismus. Oder in ausgeprägt-kranker Form: die Vernichtung.

Erst kürzlich führte ich ein intensives Gespräch mit meinem Sohn über die gegenwärtige Weltlage und die Zukunft. Er sagte zu mir: „Adele, mal das doch nicht alles so schwarz." Dabei hatte ich gar nicht das Gefühl, aber natürlich ist und bleibt es das Privileg der Jugend, sich von Sorgen über den Zustand der Welt nicht entmutigen zu lassen und mit positiver Haltung und kreativer Neugierde dagegenzuhalten. Insofern lohnt es sich, von den Jungen zu lernen: Sich eben *nicht* unterkriegen zu lassen, *dagegenzuhalten*, nicht schwarz zu sehen. Gerade heute und immer wieder.

Ich bin von meinen Eltern und besonders von meinen Großeltern ausgesprochen humanistisch und sozialdemokratisch geprägt worden. Heute drückt sich das mehr in einer grundsätzlichen Haltung, in einem prinzipiellen Glauben an das Gute im Menschen aus. Ich glaube mehr an den genauen und aufrichtigen Dialog als an politisches Geplänkel. Das ist doch die Grundlage für jede funktionierende Demokratie.

Solange meine Eltern leben, so dachte ich, möchte ich meine Geschichte nicht öffentlich machen. Da hätte einiges nicht erzählt werden können. Und nun, nach ihrem Tod, *musste* ich diese Episoden aus meinem Leben gar nicht mehr aufschreiben. Beim Erzählen meiner Geschichte kam die Erinnerung richtig in Schwung. Wenn man etwas erzählt, wählt man wie selbstverständlich die Dinge, die man für wichtig erachtet und die einen auch selbst interessieren. Dabei hofft man nicht unbedingt auf Antworten, was aber im besten Fall geschieht, ist, dass man weitere Möglichkeiten bekommt. Aber nicht nur das. Ich habe bemerkt, dass Erinnerungen nichts Statisches sind, sondern etwas Lebendiges – und dass mich das Aufschreiben meiner eigenen Erinnerung verändert. Zum Besseren. Das klingt vielleicht seltsam, gerade wenn ich an den Tod denke, der mich in den beiden letzten Jahren so massiv herausgefordert hat.

Dennoch weiß ich heute: Da kommt noch so viel Schönes, das auch gelebt werden will. Und gelebt werden wird.

Mit meinem Bruder Peter vor dem Scraffito unseres
Großvaters am Kino im Künstlerhaus in Wien, 2014

DANK

Mein Dank gilt allen, die mich geboren, genährt, gestützt, geleitet und gefordert haben, und auch jenen, die mir verziehen haben.

Einen besonderen Dank möchte ich meiner Familie aussprechen, insbesondere auch meinem Bruder Peter Marquant, meinem Ex-Mann Zoltan Paul, meinem Verleger Nikolaus Brandstätter, Elisabeth Stein-Hölzl, Ulli Steinwender und für die redaktionelle Unterstützung Anatol Vitouch.

BILDNACHWEIS

APA-PictureDesk: 102 u. (Christa Fuchs), 184 (Starpix/Alexander Tuma), 191 o. (ORF/Allegro Film/Oliver Roth), 195 (ORF/Franz Neumayer),198 (Eventpress/ Monika Sandel/dpa Picture Alliance);

Atoll Film/Zoltan Paul Productions: 122 (Standfotograf: Ronny Lang), 127 (Standfotograf: Ronny Lang) 132;

Stefan Fuertbauer: 204, 216;

gettyimages: 193 (Gisela Schober);

Thomas Lüders: 182 o.;

Privatarchiv Adele Neuhauser: 8, 20, 22, 28, 31, 32, 34, 36, 43, 45, 47, 52, 55, 58, 66, 69, 76, 81 (Städtische Bühnen Münster), 83 u.(Pressefoto Markgrafentheater Erlangen), 84 (Zeitungsausschnitt Markgrafentheater Erlangen 1992), 96, 100 (Pressefoto Theater Regensburg), 102 o. (Pressefoto Theater Regensburg), 116, 128, 142, 156, 161, 162 o. (2), 162 u. (Rheinische Post Nr. 220 v. 22.9.1981), 164, 171, 173;

Georg Neuhauser: 64;

Ingo Pertramer: 136, 182 u., 191 u.;

Agentur Schneider-Press/Erwin Schneider: 148, 212;

Bettina Strauss, Mainz: 89 (2);

Armin Wenzel, Essen: 83 o.;

Juliane Zitzlsperger: 104

Der Verlag dankt allen Rechtsinhabern für die freundliche Reproduktionsgenehmigung. Da in einigen Fällen die Inhaber der Rechte nicht zu ermitteln waren, werden rechtmäßige Ansprüche nach Geltendmachung vom Verlag abgegolten.

»Ein mutiges Buch, ohne jegliche Larmoyanz.«

Der Stern

Bettina Tietjen

Unter Tränen gelacht

Mein Vater, die Demenz und ich

Piper Taschenbuch, 304 Seiten
ISBN 978-3-492-30901-1

In diesem sehr persönlichen Buch erzählt Bettina Tietjen von der Demenzerkrankung ihres Vaters, vom ersten »Tüdeln« bis zur totalen Orientierungslosigkeit. Sie beschreibt die Achterbahn ihrer Gefühle: den Schmerz, einen geliebten Menschen zu verlieren, aber auch das Glück, ihm in der letzten Lebensphase noch einmal ganz nahe zu sein – und nicht zuletzt die vielen komischen Momente, in denen sie trotz allem herzhaft zusammen lachen konnten.

»Ich möchte leben, möglichst viel daraus machen.«

Michaela May

Hinter dem Lächeln

Autobiografie

Piper Taschenbuch, 256 Seiten
ISBN 978-3-492-32008-5

Michaela May steht für vieles: das Urmünchnerische, Bodenständigkeit, unbändige Reiselust und schauspielerisches Können. Doch hinter ihrem strahlenden Lächeln verbirgt sich viel Ungesagtes. In ihrer Autobiografie beschreibt May ihre Familie – die lustige Oma Fanny, die Eltern, die ihr die Liebe zur Bühne in die Wiege legten, und die Geschwister, die unterschiedlicher nicht sein können. Sie erzählt von ihren ersten Rollen in Film und Fernsehen, von der Liebe zur Natur und dem Durst nach Freiheit.

„Du stiehlst dem lieben G'tt den Tag!"

C. Bernd Sucher
Mamsi und ich
Die Geschichte einer Befreiung

Piper, 256 Seiten
ISBN 978-3-492-05857-5

Warum hat meine Mutter geschwiegen, schlimmer noch: mich belogen? Warum hat sie mir nur selten etwas anvertraut? Warum hat sie nie über die Frau, die sie gerettet hat, die polnische Bäuerin, gesprochen? Oft sagte sie, dass eine Frau sehr gut zu ihr gewesen sei, ihr verdanke sie ihr Leben. »Aber, glaub mir, auch diese Zeit war furchtbar. Anders furchtbar.« »Wieso?« Meine Mutter schwieg.

PIPER

»Monika Gruber ist klar und direkt, aber immer komisch.«

Bruno Jonas

Monika Gruber

Man muss das Kind im Dorf lassen

Meine furchtbar schöne Jugend auf dem Land

Piper Taschenbuch, 256 Seiten
ISBN 978-3-492-30715-4

Was macht eine, die aus einem Ort namens Tittenkofen stammt, aber nicht so ausschaut? Die auf dem Bauernhof aufwächst, aber eigentlich auf die Bühne will? Klar, sie nimmt's mit Humor und wird Komikerin. Monika Gruber erinnert sich in ihrem Buch an ihre Kindheit und Jugend auf dem Land bei Erding. Sie erzählt teils bitterböse, teils rührend-nostalgische Geschichten, in denen sie grantelt, witzelt, schwelgt und auch lästert, aber nie denunziert, denn dazu liebt sie Land und Leute zu sehr.

PIPER